Al Ries
&
Jack Trout

Die 22 unumstößlichen Gebote im Marketing

Al Ries & Jack Trout

Die 22 unumstößlichen Gebote im Marketing

Deutsch von Ursula Bischoff

Econ

Titel der amerikanischen Originalausgabe:
The 22 Immutable Laws of Marketing
Übersetzt aus dem Amerikanischen von Ursula Bischoff
Originalverlag: Harper Collins Inc., New York

Der Econ Verlag
ist ein Unternehmen der Verlagshaus Goethestraße GmbH & Co. KG

ISBN 3-430-17783-9

4. Auflage 1999

Gesetzt aus der Century und Frutiger bei Dörlemann-Satz, Lemförde
Papier: Papierfabrik Schleipen GmbH, Bad Dürkheim
Druck und Bindearbeiten: Bercker Graphischer Betrieb GmbH, Kevelaer

Dieses Buch ist dem Verschwinden
von Mythen und Mißverständnissen
aus dem Marketing gewidmet.

Inhalt

Einführung

Milliarden werden für Marketingprogramme verpulvert, die einfach nicht funktionieren können, gleichgültig, wie ausgetüftelt oder genial sie auf den ersten Blick auch erscheinen mögen. Oder wie hoch die Summen sind, die man dafür hinblättern muß.

Viele Führungskräfte nehmen an, daß bei einem gründlich durchdachten, richtig umgesetzten und finanziell gut gepolsterten Marketingprogramm der Erfolg bereits vorprogrammiert ist. Fehlanzeige! Und Sie brauchen nur einen Blick über den großen Teich auf Branchenriesen wie Sears Roebuck, IBM und General Motors zu werfen, um Beispiele zu finden.

Die Instrumente und Techniken des Marketings, die die Kaufhauskette Sears Roebuck eingesetzt hat, sind möglicherweise goldrichtig, zeitweilig sogar aufsehenerregend gewesen. Und die Manager, die mit der Umsetzung der GM-Programme befaßt waren, zählen vielleicht zu den hellsten Köpfen Amerikas, zur Crême de la Crême. Sicher ist, daß die geistigen Höhenflieger schon immer ein Faible für die größten und besten Unternehmen, wie GM und IBM, hatten. Der Haken an der Sache war jedoch, daß die Programme selbst auf Annahmen beruhten, die nicht ganz astrein waren.

Der berühmte Wirtschaftswissenschaftler John Kenneth Galbraith wurde einmal gefragt, was für ein Bild die amerikanische Öffentlichkeit seiner Meinung nach von den Branchenriesen ihres Landes habe. Er erklärte, früher hätten die meisten Menschen Angst vor der geballten Macht der Mammutunternehmen gehabt. Heute mache ihnen wohl eher die geballte Inkompetenz der Mammutunternehmen zu schaffen!

Alle Unternehmen haben Probleme. Vor allem die großen.

General Motors ist ein anschauliches Beispiel. Während des letzten Jahrzehnts mußte der Konzern einen schrecklichen Tribut dafür zahlen, daß er die Identität seiner Markenprodukte zerstörte. (Nicht nur die Preise, sondern auch die Produktmerkmale wurden gleichgemacht.) Die Aktien gingen den Bach runter - zehn Prozentpunkte verpufften, was im Klartext heißt: ein Umsatzverlust von rund zehn Milliarden Dollar im Jahr.

Die Ursache war kein Wettbewerbsproblem, obwohl die Konkurrenz beileibe nicht schlief. Von einem Qualitätsproblem konnte auch nicht die Rede sein, obwohl GM ganz offenkundig keine Produkte lieferte, die das Prädikat erste Sahne verdienten. Was hier vorlag, war ganz eindeutig ein Marketingproblem.

Wenn ein Unternehmen heutzutage einen Fehler begeht, gerät es sehr schnell ins Hintertreffen, während die Kunden das Weite suchen und zur Konkurrenz überlaufen. Um sich die Trophäe zurückzuholen, muß es warten, bis anderen ein Fehler unterläuft, und dann eine Möglichkeit finden, wie es die Gunst der Stunde am besten nutzt.

Wie lassen sich solche Fehltritte also von vornherein vermeiden? Die einfachste Antwort lautet: Vergewissern Sie sich, daß Ihre Strategien mit den unumstößlichen Geboten im Marketing übereinstimmen.

(Wir haben unsere Ideen und Konzepte zwar auf die

»Marketing«-Flagge geschrieben, aber sie sind auch dann von Nutzen, wenn Sie nicht in diesem Bereich tätig sind. Und ungeachtet der Produkte oder Dienstleistungen, die Ihr Unternehmen anbietet.)

Welches sind die grundlegenden Marketing-Gebote? Und wer hat sie auf Steintafeln vom Berg Sinai heruntergebracht?

Die grundlegenden Marketing-Gebote sind genau jene, die in diesem Buch beschrieben werden. Aber noch grundlegender ist die Frage: Wer maßt sich da eigentlich an, die Behauptung aufzustellen, er habe das Ei des Kolumbus entdeckt? Wie kann es angehen, daß zwei Typen aus Connecticut auf etwas gestoßen zu sein glauben, was von tausend anderen übersehen wurde?

Schließlich tummelt sich eine ganze Schar cleverer Praktiker und Theoretiker auf dem Marketingspielfeld. Warum ist ihnen entgangen, was unserer Meinung nach so klar auf der Hand liegt?

Die Antwort ist einfach. Soweit wir es beurteilen können, findet sich fast niemand zu dem Eingeständnis bereit, daß es im Marketing tatsächlich bestimmte Gebote gibt. Mit Sicherheit keine, die unumstößlich wären.

Vielleicht gehört es zur menschlichen Natur, um keinen Preis zugeben zu wollen, daß bestimmte Dinge außerhalb unserer Reichweite liegen. Gewiß glauben die meisten Marketingexperten, wir könnten alles erreichen, wenn wir nur energisch genug oder einfallsreich genug oder entschlossen genug sind. Und vor allem, wenn wir gewillt sind, genug Geld lockerzumachen.

Sobald Sie mit offenem Blick die Möglichkeit in Betracht ziehen, daß es unumstößliche Gebote im Marketing gibt, wird es Ihnen nicht schwerfallen zu erkennen, wie sie lauten. Tatsache ist, daß sie geradezu ins Auge springen.

Es gibt bestimmte Gesetzmäßigkeiten in der Natur; warum sollte es also nicht auch Gesetzmäßigkeiten im Marketing geben? Sie können ein phantastisch aussehendes Flugzeug bauen, aber es wird keinen Meter vom Boden abheben, wenn es nicht in Einklang mit den physikalischen Gesetzen, insbesondere mit dem Gesetz der Schwerkraft, steht. Sie können ein architektonisches Meisterwerk auf einer Sanddüne bauen, aber der erste Wirbelsturm wird das Fundament Ihrer Schöpfung langsam aushöhlen.
Und ebenso wie Gesetzmäßigkeiten in der Natur und Gebote in der Religion, gibt es auch Gebote im Marketing.
Wir haben uns seit mehr als 25 Jahren mit den Strategien befaßt, die im Marketing von Erfolg gekrönt oder zum Scheitern verurteilt sind. Wir haben herausgefunden, daß die erfolgreichen fast immer in Einklang mit irgendeiner der grundlegenden Marktkräfte stehen.
Sie können ein brillantes Marketingprogramm auf die Beine stellen – nur um am Ende zu entdecken, daß eines der unumstößlichen Gebote, das Sie vielleicht nicht kennen oder bedacht haben, Ihnen einen Strich durch die Rechnung macht.
In unseren Büchern, Artikeln, Vorträgen und Videofilmen haben wir die Marketingprinzipien genau unter die Lupe genommen. Wir haben strategische Modelle des Marketingprozesses entwickelt, einschließlich eines Modells vom menschlichen Gehirn, das im Rahmen des Konzepts *Positionierung* bekannt geworden ist. Wir haben auch ein militärstrategisches Modell des Marktes entworfen; hier werden Firmen und Marken jeweils den defensiven, offensiven, flankierenden oder Guerilla-Taktiken in der Markt-Kriegsführung zugeordnet.

Nach jahrelanger Beschäftigung mit den Prinzipien und Problemen des Marketings haben wir das Wesentliche unserer Erkenntnisse herausgefiltert und in die grundlegenden Gebote eingebracht, die über Erfolg oder Mißerfolg im Markt entscheiden.
Wir nennen diese Prinzipien die unumstößlichen Gebote des Marketing. Und davon gibt es insgesamt 22. Verstoßen Sie dagegen, aber auf eigene Gefahr!

Das 1. Gebot im Marketing:
Seien Sie Erster!

Es ist besser, Erster zu sein,
als besser zu sein.

Viele Leute glauben, daß es beim Marketing grundsätzlich darum geht, Kunden zu überzeugen, daß ihr Produkt das beste sei.
Das ist falsch. Und wenn Ihr Marktanteil klein ist und Sie gegen größere, finanziell stärkere Unternehmen kämpfen müssen, dann war Ihre Marketingstrategie von vornherein falsch. Sie haben gegen das 1. Gebot im Marketing verstoßen.
Das A und O im Marketing besteht darin, eine Produktkategorie zu schaffen, in der Sie die Nase vorn haben – mit anderen Worten: ein Pionierprodukt zu entwickeln. Es ist erheblich leichter, ein Produkt auf den Markt zu bringen, das den Konsumenten als erstes in den Sinn kommt, als eines, von dem Sie erst nachweisen müssen, daß es besser ist als das der Konkurrenz, die zuerst am Drücker war.
Das Gebot wird anschaulich, wenn Sie sich selbst zwei Fragen stellen.

① Wie hieß der erste Mensch, der im Alleinflug den Atlantik überquerte? Charles Lindbergh, richtig?

② Wie hieß der zweite Mensch, der über den Ozean flog? Gar nicht so einfach, stimmt's?

Der Name des zweiten Mannes, der zum Soloflug von den USA nach Europa startete, lautet Bert Hinkler. Er war ein besserer Pilot als Charlie. Er legte die Strecke schneller zurück. Er verbrauchte weniger Sprit. Aber wer kennt schon Bert Hinkler? (Übrigens, eines Tages verließ er das Haus, um Zigaretten zu holen, und seither hat selbst Frau Hinkler nichts mehr von ihm gehört.)

Obwohl die *Lindbergh-Methode* allem Anschein nach die überlegene ist, entscheiden sich viele Unternehmen für die *Hinkler-Route.* Sie warten, bis sich ein Markt entwikkelt. Dann springen sie auf den fahrenden Zug, mit einem besseren Produkt, an dem oft noch das ganze Gewicht ihres Firmennamens hängt.

In unserem heutigen, durch harten Wettbewerb gekennzeichneten Unternehmensumfeld hat eine Imitation, die unter der Flagge der Programmerweiterung segelt, wenig Chancen, sich zu einem großen, gewinnträchtigen Markenprodukt zu mausern. (Kapitel 12: Halten Sie Ihr Programm schlank.)

Die führende Marke in gleich welcher Produktkategorie ist fast immer die erste gewesen: Hertz bei Leihwagen. IBM bei Computern. Coca-Cola bei colahaltigen Getränken.

Nach dem Zweiten Weltkrieg war Heineken das erste Bier, das in die USA importiert wurde und Erfolg hatte. Welches Importbier ist dort heute, vier Jahrzehnte später, die Nummer Eins? Das Bier, das am besten schmeckt? Oder Heineken?

In Amerika sind 425 importierte Markenbiere im Handel. Mit Sicherheit muß es einige geben, die besser schmekken als Heineken, aber spielt das wirklich eine Rolle?

Heineken behauptet auch heute noch mit einem Marktanteil von 30 Prozent den ersten Platz unter den Importbieren.
Das erste in den USA gebraute Light-Bier war Miller Lite. Welches Light-Bier ist heute der größte Verkaufsschlager? Dasjenige mit dem besten Geschmack? Oder das Bier, an das man zuerst denkt?
Nicht jedes Pionierprodukt kann Erfolge verbuchen. Die Wahl des richtigen Zeitpunkts ist von ausschlaggebender Bedeutung. Auch wenn Sie »Erster« sind, kommen Sie unter Umständen zu spät. *USA Today* war die erste Zeitung, die in sämtlichen amerikanischen Bundesstaaten erschien. *USA Today* hat bereits Verluste in Höhe von 800 Millionen Dollar geschrieben und nicht ein einziges Jahr Gewinn gemeldet. Im Zeitalter des Fernsehens könnte es für eine landesweit erscheinende Zeitung zu spät sein.
Einige Vorreiter-Produkte sind nichts anderes als eine schlechte Idee, die schon bei ihrer Geburt zum Tode verurteilt ist. Frosty Paws, der ersten Eiscreme für Hunde, wird höchstwahrscheinlich kein langes Leben beschieden sein. Die Vierbeiner sind ganz wild darauf, aber sie kaufen das Produkt ja nicht. Die Hundehalter zücken das Portemonnaie, und die sind der Meinung, daß ein Hund kein eigens für ihn bestimmtes Eis braucht, sondern froh sein sollte, wenn er Herrchens oder Frauchens Teller abschlecken darf.
Das 1. Gebot im Marketing läßt sich auf jedes Produkt, jede Marke und jede Produktkategorie anwenden. Wie heißt das erste College, das in den USA gegründet wurde?
Angenommen, Sie haben die Antwort auf diese Frage nicht gewußt. Sie haben immer eine gute Chance, richtig

zu raten, wenn Sie das Wörtchen »erste« durch »führende« ersetzen. Also, wie heißt das führende College in den USA?
Die meisten Leute würden vermutlich sagen, Harvard, und genau das ist auch der Name des ersten Colleges, das in den USA gegründet wurde.
Und wie heißt das zweite College, das in den USA seine Pforten öffnete? Das College of William and Mary hat es nur zu einer Spur mehr Ruhm als Bert Hinkler gebracht.
Es gibt keine »Erzeugnisse«, die sich mehr ähneln als Zwillinge. Und trotzdem beklagen sich Zwillinge oft, daß andere den ersten Zwilling, dem sie begegnen, sympathischer finden, selbst wenn sie die Nummer Zwei später persönlich kennenlernen.
Menschen haben die Neigung, bei dem zu bleiben, was sie haben. Wenn Sie also jemandem begegnen, der Ihnen auch nur einen Deut besser gefällt als Ihr Ehepartner, dann sollten Sie sich gründlich überlegen, ob sich der Tausch wirklich lohnt - vor allem angesichts der Anwaltskosten und des Gerangels um Haus und Kinder.
Das 1. Gebot im Marketing gilt auch für Zeitschriften. Was der Grund dafür ist, daß *Time* vor *Newsweek* rangiert, *People* vor *Us* und *Playboy* vor *Penthouse*.
Nehmen wir beispielsweise den *TV Guide*. Zu Beginn der fünfziger Jahre versuchte die damals mächtige Curtis Publishing Company, eine Fernsehzeitschrift ins Feld zu führen, die dem gerade flügge gewordenen *TV Guide* Konkurrenz machen sollte. Obwohl der *TV Guide* nur einen winzigen Vorsprung hatte und trotz der atemberaubenden Stärke, mit der Medienriese Curtis aufwarten konnte, gelang es dem Blatt nie richtig, in die Gänge zu kommen. Der *TV Guide* hatte im voraus den Platz an der Spitze mit Beschlag belegt.

Das 1. Gebot im Marketing gilt gleichermaßen für alle Produktkategorien. Jeep war das erste Unternehmen, das ein geländegängiges Kraftfahrzeug mit Vierradantrieb auf den Markt brachte, Acura das erste, das japanische Autos der Luxusklasse baute, IBM das erste, das Großrechner und Sun das erste, das Workstations entwickelte. Jeep, Acura, IBM und Sun sind ausnahmslos führende Marken.
Den ersten Minivan brachte Chrysler ins Rollen. Heute hält Chrysler einen Marktanteil von 10 Prozent bei den PKW und von 50 Prozent bei den Minivans. Was ist wichtiger beim Automobil-Marketing, bessere Fahrzeuge herzustellen oder als Erster den Markt zu erobern?
Der erste Desktop-Laserdrucker wurde von der Computerfirma Hewlett-Packard eingeführt. Inzwischen hat sich der Konzern einen Anteil von 5 Prozent des PC-Marktes und 45 Prozent des Laserdrucker-Marktes unter den Nagel gerissen.
Gillette stellte die ersten Rasiergeräte mit Sicherheitsklinge her. Tide preschte als erstes Unternehmen im Waschmittelbereich vor. Hayes war der erste Anbieter von Computer-Modems. Alle drei sind Marktführer.
Ein Grund dafür, daß die Pionierprodukte in der Regel die Festung halten können, ist die Tatsache, daß der Name oft »generisch«, also zum Oberbegriff für eine ganze Gattung wird. Man bittet Sie um ein Tempo, auch wenn auf der Schachtel deutlich sichtbar der Name eines anderen Herstellers, wie Softies, prangt. Und die aufmerksamen Gastgeber bieten Ihnen Coca-Cola an, obwohl sie nichts anderes als Pepsi-Cola im Haus haben. Wieviele Leute sprechen von durchsichtigem Klebefilm statt Tesafilm? Nicht viele. Die meisten benutzen die Markennamen, sobald sie zum Sammelbegriff für eine

ganze Gattung werden, zum Beispiel Labello, Tipp-Ex, Aspirin, Maggi-Würfel, Nutella, Uhu und Q-Tips, um nur einige zu nennen. Manche Firmen reißen sich ein Bein aus, um ihrer Marke ein generisches Image zu verpassen. »FedEx this package to the Coast«, heißt der Werbe- und Zauberspruch von Federal Express, der alle Türen öffnen soll. Wenn Sie ein Pionierprodukt einführen, sollten Sie immer einen Namen wählen, der Chancen hat, stellvertretend für eine ganze Gattung zu stehen. (Anwälte empfehlen das Gegenteil; aber was wissen Anwälte schon über die Gebote im Marketing?)

Das Pionierprodukt übernimmt in der Regel nicht nur die Marktführerschaft, sondern es herrscht oft auch Übereinstimmung zwischen der Reihenfolge der umsatzstärksten Produkte und der Reihenfolge ihrer Einführung.

Tylenol, ein fiebersenkendes Mittel, war das erste Produkt in der Acetaminophen-Gruppe. Tylenol ist dem zweiten Medikament, das auf den Markt kam, so weit davongezogen, daß sich nur schwer bestimmen läßt, welches überhaupt Rang Zwei hält.

Preisfrage: Wenn das Geheimnis des Erfolgs in der Entwicklung eines Pionierprodukts liegt, welcher Strategie haben sich dann die meisten Firmen verschrieben? Falsch! Sie setzen auf das Konzept, das bessere Produkt feilzubieten.

Das Neueste und Heißeste im Management ist *Bench-Marking*. Marktschreierisch als »ultimative Wettbewerbsstrategie« angepriesen, versteht man darunter den Prozeß, die eigenen Produkte mit denen des Branchenführers zu vergleichen und zu bewerten. Dieses Verfahren ist wesentlicher Bestandteil eines Programms, das häufig als *Total Quality Management* bezeichnet wird.

Leider funktioniert das *Bench-Marking* nicht. Ungeachtet der Realität halten die Leute das Pionierprodukt für das bessere. Marketing ist ein Kampf der subjektiven Wahrnehmungen und nicht der Produkte.

Wie hieß die erste Aspirin-Marke? Die erste Acetaminophen-Marke? Die erste Ibuprofen-Marke? (Ein Tip: Ersetzen Sie »erste« durch »führende«, und Sie haben die Antwort auf alle drei Fragen.)

Neil Armstrong war der erste Mensch, der seinen Fuß auf den Mond setzte. Wie lautet der Name des zweiten?

Roger Bannister war der erste Athlet, der eine Meile in der Rekordzeit von vier Minuten lief. Wie lautet der Name des zweiten?

George Washington war der erste Präsident der Vereinigten Staaten von Amerika. Wie lautet der Name des zweiten?

Thomas war die erste Muffin-Marke. Wie lautet der Name der zweiten?

Wenn die Leute sich erst lange den Kopf zerbrechen müssen, bevor ihnen der Name Ihres Produkts einfällt – sind Sie dann bis in alle Ewigkeit dazu verurteilt, an der Seite von Buzz Aldrin, John Landy, John Adams und irgendeiner unbekannten englischen Muffin-Marke in der Anonymität dahinzusiechen? Nicht unbedingt.

Zum Glück gibt es noch andere Gebote.

Das 2. Gebot im Marketing:

Machen Sie etwas Neues!

Wenn Sie schon nicht der Erste in einer Kategorie sein können, dann stellen Sie wenigstens eine neue Kategorie auf die Beine, in der Sie Erster sein können.

Wie heißt der dritte Mensch, der im Alleinflug den Atlantik überquerte?

Wenn Sie schon nicht wußten, daß Bert Hinkler als zweitem dieses Wagnis gelang, dann haben Sie sich vermutlich nicht die geringste Chance ausgerechnet, auf den Namen der dritten Person zu kommen. Aber da liegen Sie falsch. Die dritte im Bunde war nämlich Amelia Earhart.

Und noch eine Frage: Ist Amelia als die dritte Person oder als die erste Frau bekannt geworden, die im Alleinflug den Atlantik bezwang? Ein Schlüsselprinzip im Marketing: Wenn Sie nicht die Nummer Eins in einer Produktkategorie sind, dann halten Sie Ausschau nach einer neuen Kategorie, in der Sie ein Pionierprodukt anbieten können.

Nach dem Riesenerfolg von Heineken hätte die Führungsriege von Anheuser-Busch sagen können: »Wir sollten auch ein Importbier auf den Markt bringen.« Machten sie aber nicht. Statt dessen gelangten sie zu der

Schlußfolgerung: »Wenn es einen Markt für teures Importbier gibt, dann gibt es vielleicht auch einen Markt für ein teures heimisches Bier.«
Und so begann die Brauerei, die Verkaufsförderungsrunde für Michelob einzuläuten, das erste amerikanische Bier der oberen Preisklasse, das Heineken in puncto Umsatz inzwischen zwei zu eins geschlagen hat.
(Tatsache ist, daß Anheuser-Busch außerdem ein importiertes Bier namens Carlsberg in den Handel brachte, das in Europa einen ausgezeichneten Ruf genießt. In den USA rangiert dieses »Mitläufer«-Produkt jedoch unter »ferner liefen«.)
Miller Lite war das erste in Amerika gebraute Light-Bier. Ein Importeur brauchte vier Jahre, bis ihm der Gedanke kam: »Wenn es einen Markt für heimisches Light-Bier gibt, dann könnte es auch einen Markt für ausländisches geben.« Das Ergebnis war, daß Amstel Light zum größten Importschlager in der Light-Bier-Kategorie wurde.
Falls es Ihnen nicht gelingen sollte, sich im Gedächtnis des Verbrauchers so einzunisten, daß ihm als erstes Ihr Name in den Sinn kommt, geben Sie die Hoffnung nicht auf. Halten Sie nach einer neuen Produktkategorie Ausschau, in der Sie Pioniergeist beweisen können. Das ist nicht so schwierig, wie Sie vielleicht meinen.
Nach IBMs Riesenerfolg im Computermarkt stürmten so ziemlich alle auf das Spielfeld: Burroughs, Control Data, General Electric, Honeywell, NCR, RCA und Sperry. Schneewittchen und die sieben Zwerge wurden sie genannt.
Welcher Zwerg wuchs heran zu einem mächtigen Multi mit 126 000 Mitarbeitern und einem Umsatz von 14 Milliarden Dollar? Ein Unternehmen, das oft als »zweitgrößte Computerfirma der Welt« bezeichnet wird?

Keiner der Zwerge. Die erfolgreichste Computerfirma der siebziger und achtziger Jahre war nach IBM die Digital Equipment Corporation.
IBM war die Nummer Eins im Computerbereich. DEC die Nummer Eins im Minirechner-Markt.
Viele andere Computerfirmen (und ihre wagemutigen Besitzer, die echten Unternehmergeist bewiesen) sind reich und berühmt geworden, weil sie sich an das einfache Prinzip gehalten haben: Wenn Sie nicht die Nummer Eins in einer Produktkategorie sind, dann halten Sie Ausschau nach einer neuen Kategorie, in der Sie ein Pionierprodukt anbieten können.
Ist Marketing eine komplizierte Sache? Nein, die Gebote im Marketing sind ziemlich einfach. Sie in die Praxis umzusetzen steht indessen auf einem ganz anderen Blatt.
Cray Research setzte mit dem ersten Superrechner zum Sturmangriff auf die Spitzenposition an. Der Konzern ist inzwischen 800 Millionen Dollar schwer. Convex zählte zwei und zwei zusammen und brachte den ersten Minisuperrechner heraus. Heute weist Convex ein 200-Millionen-Dollar-Ergebnis aus.
Manchmal kann man ein »ferner liefen«-Produkt in einen Sieger verwandeln, wenn man eine neue Kategorie erfindet. Commodore war nur ein PC-Hersteller unter vielen, der keine großen Sprünge machte, bis er den Amiga als ersten »Multimedia«-Computer positionierte. Heute ist der Commodore Amiga ein Renner, dessen Verkauf jährlich mehr als 500 Millionen Dollar in die Kasse bringt.
Es gibt verschiedene Möglichkeiten, die Konkurrenz abzuhängen. Dell preschte im überfüllten PC-Bereich vor, indem es als erstes Unternehmen Computer per Telefon

verkaufte. Heute ist Dell ein 900-Millionen-Dollar-Konzern.

Wenn Sie ein neues Produkt auf den Markt bringen, sollten Sie sich nicht etwa als erstes die Frage stellen: »In welcher Hinsicht ist unser neues Produkt besser als das anderer Wettbewerber?«

Die erste Frage sollte vielmehr lauten: »Das erste wovon?« Mit anderen Worten: In welcher Kategorie ist es das erste?

Charles Schwab hat keine bessere Maklerfirma aufgemacht. Er war der erste Discount-Broker.

Lear's war nicht die erste Frauenzeitschrift, sondern die erste Zeitschrift für die reife Frau. (Die Zeitschrift für Frauen, die nicht von gestern sind.)

Diese Strategie steht im Gegensatz zur klassischen Marketing-Denkweise, die an Marken ausgerichtet ist. Wie bringe ich die Leute dazu, meinem Markenprodukt den Vorzug zu geben?

Vergessen Sie die Marke; denken Sie in Kategorien. Die Kunden sehen sich in die Defensive gedrängt, wenn es um Marken geht. Jeder versucht ihnen einzuhämmern, warum sein Markenartikel besser ist.

Kunden sind jedoch aufgeschlossen, wenn neue Produktkategorien zur Sprache kommen. Jeder ist daran interessiert zu erfahren, was neu im Markt ist. Nur wenige interessieren sich für das, was besser ist.

Wenn Sie sich als erstes Unternehmen in eine neue Produktkategorie vorwagen, empfiehlt es sich, die Werbetrommel für diese Kategorie zu rühren. Im Grunde genommen haben Sie keine Konkurrenz. Digital Equipment erklärte seinen potentiellen Kunden, warum sie einen Minirechner, keinen DEC Minirechner, kaufen sollten. Hertz bot in der Startphase einen Mietwagen-Service an. Coca-Cola verkaufte ein Erfrischungsgetränk. Die Marketingprogramme beider Firmen waren damals wesentlich wirksamer.

Das 3. Gebot im Marketing:

Dringen Sie ins Gedächtnis des Kunden ein!

Es ist besser, als Erster im Sinn
als der Erste im Markt zu sein.

Der erste PC der Welt war der MITS Altair 8800. Gemäß dem Gebot der Marktführung müßte der MITS Altair 8800 eigentlich die Nummer Eins unter den PC-Marken sein. Leider weilt das Produkt nicht länger unter uns.

Du Mont erfand das erste marktgängige Fernsehgerät. Duryea führte das erste Automobil ein und Hurley die erste Waschmaschine. Alle drei sind von der Bildfläche verschwunden.

Stimmt etwas nicht mit dem 1. Gebot im Marketing? Nein, es hat durchaus Gültigkeit, aber das 3. Gebot ergänzt das 1. Gebot im Marketing: Es ist besser, als Erster im Sinn als der Erste im Markt zu sein. Und das ist immer noch untertrieben ausgedrückt.

Im Gedächtnis des Kunden zu bleiben ist das A und O im Marketing. Ein Pionierprodukt zu entwickeln ist nur insofern von Belang, als daß Ihnen diese Vorreiterposition gestattet, eine Vorrangstellung in den Köpfen der Käufer zu erobern. IBM war beispielsweise nicht die erste Firma, die einen Großrechner auf den Markt brachte. Die erste war Remington Rand mit dem Univac.

Aber dank massiver Marketinganstrengungen ist IBM der Name, der einem rein automatisch einfällt, und infolgedessen konnte der Konzern die Schlacht schon früh für sich entscheiden.
Tausende von Jungunternehmern verfangen sich Jahr für Jahr in den Fallstricken dieses Gebots. Irgend jemand hat sich eine Idee oder ein Konzept ausgedacht, mit dem er glaubt, die ganze Branche auf den Kopf stellen zu können. Das kann durchaus passieren. Das Problem ist nur: Wie bahnt man dieser Idee oder diesem Konzept einen Weg in die Köpfe der Käufer?
Die konventionelle Lösung des Problems lautet: »Geld«. Das heißt, die Mittel, um ein Unternehmen aufzubauen und darüber hinaus die nötigen Summen, um Pressekonferenzen abzuhalten, an Fachmessen teilzunehmen, Werbeanzeigen zu schalten und Mailings zu verschicken. (Kapitel 22: Halten Sie den Cash bereit.)
Unglücklicherweise leisten solche Maßnahmen der Auffassung Vorschub, die Antwort auf alle Marketingfragen sei dieselbe, nämlich Geld. Das ist falsch.
Im Marketing wird mehr Geld verschwendet als bei jeder anderen Tätigkeit. (Mit Ausnahme der Aktivitäten auf Regierungsebene, versteht sich.) Sobald sich ein anderer in den Köpfen Ihrer Käufer eingenistet hat, können Sie die Festung mit Geld alleine nicht mehr stürmen.
Sie können niemanden dazu bewegen, sich etwas aus dem Kopf zu schlagen, was er sich einmal in den Kopf gesetzt hat. Das wäre, als ließen Sie sich auf einen Nahkampf mit einem Feind ein, der sich im Schützengraben verschanzt hat. Der Sturmangriff der Leichten Brigade bei Balaklava (während des Krimkrieges) ist wohl das bekannteste Beispiel in der Geschichte, dicht gefolgt von dem Fiasko, das General Pickett in Gettysburg anrichtete.

Wang war das erste Unternehmen, welches der Welt das Textverarbeitungssystem schenkte, aber die Welt kehrte ihm den Rücken und lief mit fliegenden Fahnen zu Computern über. Wang selbst schaffte es nicht, ins andere Lager überzuwechseln. Obwohl der Konzern Millionen von Dollar in die Verkaufsförderung seiner hauseigenen PCs und Minirechner steckte, wird Wang noch immer als Firma betrachtet, die Textverarbeitungssysteme verkauft.

Xerox war erster im Kopiergerätemarkt und versuchte dann, im Computergeschäft Fuß zu fassen. 25 Jahre und 2 Milliarden Dollar später hat es *Xerox* bei Computern noch immer zu nichts gebracht.

Angenommen, Sie möchten eine Textstelle ändern, die Sie in Ihren Computer eingespeichert haben. Tippen Sie einfach drüber oder löschen Sie das, was Ihnen nicht mehr gefällt.

Sie möchten etwas ändern, was sich in den Köpfen der Käufer eingespeichert hat? Vergessen Sie's! Sobald sich jemand etwas in den Kopf gesetzt hat, gelingt es Ihnen nur selten, falls überhaupt, ihn zu bewegen, es sich aus dem Kopf zu schlagen. Das energieraubendste Unterfangen im Marketing ist der Versuch, Menschen zu einem Sinneswandel zu veranlassen.

Das ist auch der Schlüssel zum Geheimnis der unerschütterlichen Meinung, die wir uns nahezu in Nullkommanichts bilden können. Noch gestern hat niemand etwas von A oder B gehört; am nächsten Tag sind sie berühmt. Diese sensationelle Entwicklung, die sich buchstäblich »über Nacht« vollzieht, ist keineswegs ungewöhnlich, sondern der ganz normale Weg, auf dem eine bestimmte Ansicht über einen Menschen oder sein Ansehen in der Öffentlichkeit entsteht.

Wenn Sie einen bleibenden Eindruck bei einem anderen Menschen hinterlassen wollen, können Sie sich nicht auf leisen Sohlen in seine Gedanken einschleichen und dann im Laufe der Zeit dafür sorgen, daß er sich nach und nach eine positive Meinung über Sie bildet. So funktioniert das menschliche Gehirn einfach nicht.

Sie müssen sich mit Pauken und Trompeten Ihren Weg in seine Gedanken freikämpfen. Der Grund dafür, daß Sie mit Brachialgewalt vorgehen statt sich klammheimlich einschleichen sollten, ist darin zu suchen, daß kein Mensch gerne seine Meinung ändert. Sobald sich jemand ein bestimmtes Bild von Ihnen gemacht hat, wird er dabei bleiben. Er steckt Sie gewissermaßen in eine Schublade, wo Sie ein für allemal zu einer bestimmten Persönlichkeit abgestempelt werden. Und seiner Meinung nach können Sie nicht aus dieser Haut schlüpfen und Ihre Persönlichkeit ändern.

Eines der großen Rätsel im Marketing ist die Rolle des Geldes. An einem Tag kann man mit einer Handvoll Dollar wahre Wunder wirken. Am nächsten wäre auch eine Million nicht imstande, eine Firma vor dem Untergang zu retten.

Wenn Sie sich einen offenen Blick für alle Möglichkeiten bewahren, dann läßt sich selbst mit wenig viel erreichen. Apple hob mit nicht mehr als 91 000 Dollar Startkapital, das von Mike Markkula stammte, von der Computer-Rampe ab.

Apples Problem, sich einen Platz im Kopf der Käufer zu verschaffen, wurde durch den unkomplizierten, leicht zu merkenden Namen vereinfacht. Die Apple-Konkurrenten hatten im Gegensatz dazu komplizierte Namen, an die man sich nur schwer erinnert.

In der Anfangsphase konkurrierten fünf PC-Modelle mit-

einander: Apple II, Commodore Pet, IMSAI 8080, MITS Alstair 8800 und der Radio-Shack TRS-80.
Fragen Sie sich einmal selbst: Welcher Name ist der einfachste, den man sich auf Anhieb merken kann? Und fragen Sie dann Commodore, IMSAI, MITS und Radio Shack, warum sie ihren Produkten keinen griffigeren Namen gegeben haben.
Die Gebote im Marketing sind einfach. Die Fähigkeit der menschlichen Spezies, die Dinge zu komplizieren, kennt keine Grenzen.

Das 4. Gebot im Marketing:

Nur die Wahrheit des Kunden zählt!

Marketing ist kein Kampf der Produkte.
Marketing ist ein Kampf
subjektiver Wahrnehmungen.

Viele Leute glauben, Marketing sei ein Kampf der Produkte. Auf lange Sicht gesehen, so rechnen sie sich aus, wird das beste Produkt den Sieg davontragen.
Marketing-Experten sind in erster Linie damit beschäftigt, Forschung zu betreiben und »Fakten zu sammeln«. Sie nehmen die Situation gründlich unter die Lupe, um sich zu vergewissern, daß die Wahrheit auf ihrer Seite ist. Dann segeln sie Volldampf voraus in die Marketing-Gewässer, zuversichtlich und absolut sicher in dem Wissen, daß sie über das beste Produkt verfügen und daß das beste Produkt die Schlacht letztendlich für sich entscheiden wird.
Das ist nichts als eine fromme Selbsttäuschung. Es gibt keine objektive Realität. Es gibt keine Fakten. Und es gibt keine besten Produkte. Alles, was in der Welt des Marketing wirklich existiert, sind die subjektiven Wahrnehmungen in den Köpfen der Kunden. Diese Wahrnehmungen sind die Realität. Alles andere ist Illusion.
Jede Wahrheit ist relativ, abhängig von Ihrer Denkweise oder der Auffassung eines anderen menschlichen We-

sens. Wenn Sie sagen: »Ich habe recht, und alle anderen befinden sich auf dem Holzweg« behaupten Sie im Klartext, daß Sie über ein besseres Wahrnehmungs- oder Urteilsvermögen verfügen als andere.

Das bilden sich die meisten Menschen ein. Sie haben das Gefühl persönlicher Unfehlbarkeit. Ihre Wahrnehmungen sind immer schärfer und ihre Auffassungen zutreffender als die ihrer Nachbarn oder Freunde. Wahrheit und Wahrnehmung verschmelzen in ihren Gedanken, so daß sie zwischen beiden nicht mehr unterscheiden können.

Daß das so ist, ist gar nicht einfach zu erkennen. Um mit der schrecklichen Realität fertigzuwerden, daß wir im Universum ganz allein sind, projizieren sich viele Menschen auf die Außenwelt. Sie »leben« in der Welt von Büchern, Kinofilmen, Fernsehsendungen, Zeitungen und Zeitschriften. Sie treten Vereinen, Organisationen und Institutionen bei, um »Zugehörigkeit« zu empfinden. Diese äußeren Bilder, in denen sich die Welt darstellt, erscheinen ihnen wirklicher als die Realität, die sich in ihren Gedanken entfaltet.

Viele Leute klammern sich verbissen an die Überzeugung, daß die Welt außerhalb der Gedanken die Wirklichkeit und der Mensch nicht mehr als ein winziges Staubkorn auf dem Raumschiff Erde sei. Tatsächlich ist es jedoch genau umgekehrt. Die einzige »Realität«, der Sie sich sicher sein können, sind Ihre eigenen Wahrnehmungen. Falls das Universum wirklich existiert, dann existiert es in Ihrem Kopf und in den Köpfen anderer Menschen. Das ist die Realität, mit der sich Marketingprogramme auseinandersetzen müssen.

Es mag Meere, Flüsse, Dörfer, Städte, Bäume und Häuser da draußen in der Welt geben, aber wir haben einfach keine andere Möglichkeit, uns über diese Dinge Klarheit zu verschaffen, als mit Hilfe unserer Wahrnehmungen. Marketing hat mit der Beeinflussung dieser Wahrnehmungen zu tun.

Die meisten Fehler im Marketing lassen sich auf die Annahme zurückführen, daß Sie eine Produktschlacht ausfechten, die mit der Realität zu tun hat. Sämtliche Gebote, die in diesem Buch beschrieben sind, leiten sich vom genau gegensätzlichen Standpunkt ab.

Was manche Experten als »naturgegebene« Gesetze im Marketing betrachten, stützt sich auf die Fehlannahme, das Produkt sei der »Held« des Marketingfeldzugs und seine Vorzüge entschieden über Sieg oder Niederlage. Und eben deshalb ist der natürliche, logische Weg, ein Produkt zu vermarkten, unweigerlich der falsche.

Nur wenn Sie sich damit befassen, wie Wahrnehmungen entstehen und Ihre Marketingprogramme an den Überzeugungen ausrichten, die sich daraus ableiten, können Sie Ihre grundlegend irreführenden Marketing-Instinkte überwinden.

Jeder von uns (gleich ob Hersteller, Händler oder Kunde) sieht die Welt mit ganz eigenen Augen. Falls es da draußen wirklich eine objektive Wahrheit gibt, wie sollen wir sie erkennen? Wer wäre imstande, sie zu messen? Wer könnte uns etwas darüber erzählen? Nur ein anderer Mensch, der dieselbe Szene durch eine andersgeartete Brille, durch sein Fenster zur Welt, betrachtet.

Die Wahrheit ist nicht mehr und nicht weniger als die Wahrnehmung eines bestimmten Experten. Und wer ist der Experte? Irgend jemand, der nach Auffassung eines anderen als Experte gilt.

Wenn die Wahrheit so trügerisch ist, warum wird dann im Marketing soviel über sogenannte »Fakten« diskutiert?

Warum stützen sich soviele Marketingentscheidungen auf Vergleiche, die sich von Fakten untermauern lassen? Warum sind soviele Marketingexperten der Überzeugung, daß sie die Wahrheit für sich gepachtet haben? Daß ihre Aufgabe darin besteht, die Wahrheit als Waffe zu benutzen, um den Käufern die falschen Vorstellungen auszutreiben, die sich in ihren Köpfen eingenistet haben?
Marketingexperten konzentrieren sich auf Fakten, weil sie an eine objektive Realität glauben. Außerdem fällt es ihnen leicht, vorauszusetzen, daß sie die Wahrheit auf ihrer Seite haben. Wenn Sie der gleichen Meinung sind, dann sollten Sie besser auch glauben, daß Sie das überlegene Produkt haben. Dazu ist nicht mehr erforderlich als eine winzige Veränderung Ihrer eigenen Wahrnehmungen.

Einen Kunden zu einem Sinneswandel zu bewegen, steht indessen auf einem ganz anderen Blatt. Die Überzeugungen der Käufer lassen sich sehr schwer verändern. Wenn ein Verbraucher auch nur einen Funken Erfahrung mit einer Produktkategorie hat, geht er davon aus, daß er mit seiner Auffassung richtig liegt. Eine Vorstellung, die nur im Kopf existiert, wird oft als gemeinhin gültige Wahrheit gedeutet. Menschen irren sich, falls überhaupt, nur äußerst selten. Zumindest nach ihrer eigenen Überzeugung.

Die Macht der Wahrnehmung ist stärker als die Macht des Produkts. Dies wird anschaulich, wenn wir die drei japanischen Autohersteller betrachten, die in den USA an der Spitze liegen: Honda, Toyota und Nissan. Die meisten Marketingexperten glauben, die Schlacht zwischen diesen drei Marken basiere auf Qualität, Formgebung, PS und Preisgestaltung. Fehlanzeige!

Was die Leute von einem Honda, einem Toyota oder

einem Nissan halten, entscheidet, welche Marke den Sieg davonträgt. Marketing ist ein Kampf subjektiver Wahrnehmungen.
Die japanischen Automobilhersteller verkaufen in den USA haargenau die gleichen Modelle wie in Japan. Wäre das Marketing tatsächlich ein Kampf der Produkte, dann sollte man doch meinen, daß die Spitzenreiter in beiden Ländern dieselben sein müßten. Schließlich können die in Japan und die in Amerika angebotenen Modelle die gleiche Qualität, die gleiche Formgebung, die gleiche PS-Zahl und in etwa die gleichen Preise ins Rennen führen.
Aber in Japan liegt Honda nicht einmal annähernd in Führung. Dort rangiert der Konzern auf Platz Drei, hinter Toyota und Nissan. Toyota verkauft in Japan viermal soviele Autos wie Honda.
Worin besteht der Unterschied zwischen Honda in Japan und Honda in den USA? Die Produkte sind die gleichen, aber die Meinungen, die sich in den Köpfen der Käufer festgesetzt haben, unterscheiden sich. Wenn Sie jemandem in New York erzählen würden, daß Sie sich einen Honda gekauft haben, würde man Sie vermutlich fragen: »Was für ein Auto hast du dir denn zugelegt? Einen Civic, einen Accord oder einen Prelude?«
Wenn Sie Ihren Freunden in Tokio berichten würden, daß Sie auf Honda umgestiegen sind, bekämen Sie vielleicht zu hören: »Was für ein Motorrad hast du gekauft?« In Japan ist Honda nämlich als Motorradhersteller bekannt geworden, und offensichtlich wollen die meisten Leute dort kein Auto von einer Motorradfirma kaufen.
Wie sähe es umgekehrt aus? Würde Harley-Davidson Erfolge verbuchen können, wenn das Unternehmen ein Auto auf den Markt brächte? Vielleicht denken Sie jetzt:

Das hängt vom Wagen ab, vom Design, von der PS-Zahl, vom Preis. Möglicherweise glauben Sie sogar, Harley-Davidsons Ruf, nur Spitzenqualität zu liefern, wäre zweifellos ein Pluspunkt.

Wir sind da anderer Meinung. Der Konzern hat sich als Motorradhersteller einen Namen gemacht, und dieses Image würde den Erfolg eines Harley-Davidson-Autos von vornherein untergraben ... ungeachtet der Qualität des Produkts. (Kapitel 12: Halten Sie Ihr Programm schlank.)

Warum ist die Campbell-Suppe die Nummer Eins in den USA, in Großbritannien oder Deutschland jedoch auf keinem der vorderen Ränge zu finden? Warum ist die Heinz-Suppe in Großbritannien ein Verkaufsschlager und in den USA ein Flop? Marketing ist ein Kampf subjektiver Wahrnehmungen und kein Kampf der Produkte. Marketing ist der Prozeß, diese Wahrnehmungen und die Überzeugungen, die sich daraus ableiten, in den Griff zu bekommen.

Einige Führungskräfte in der Soft-Drink-Sparte glauben, Marketing sei ein Kampf der Geschmacksnerven. Na ja, in puncto Geschmack hat New Coke den Platz an der Spitze erobert. Die Coca-Cola Company führte 200 000 Geschmackstests durch, die »bewiesen«, daß New Coke besser schmeckt als Pepsi-Cola und Pepsi-Cola wiederum besser schmeckt als das nach dem ursprünglichen Rezept gebraute Getränk, das jetzt Coca-Cola Classic genannt wird.

Wer ist also Sieger der Marketingschlacht? Die New Coke, die sich laut Forschung als die geschmacklich beste erwiesen hat, rangiert an Platz Drei. Und die Coca-Cola von klassischem Zuschnitt, die in den Tests am schlechtesten abschnitt, ist die Nummer Eins. Der

Mensch glaubt, was er glauben will. Und er schmeckt, was er schmecken will. Soft-Drink-Marketing ist ein Kampf subjektiver Wahrnehmungen und Überzeugungen und kein Kampf der Geschmacksnerven.
Was die Kampfhandlungen noch erschwert ist die Tatsache, daß Konsumenten ihre Kaufentscheidungen immer wieder auf der Grundlage von Wahrnehmungen »aus zweiter Hand« treffen. Statt sich ihre eigene Meinung zu bilden, machen sie ihre Kaufentscheidungen von dem Bild abhängig, das irgendein anderer von der Realität hat. Hier kommt das Prinzip: »Das weiß doch schließlich jeder« zum Tragen.
Jeder weiß, daß die Japaner Autos von höherer Qualität bauen als die Amerikaner. Also treffen die Leute ihre Kaufentscheidungen aufgrund der Tatsache, daß japanische Autos bekanntermaßen von besserer Qualität sind. Wenn Sie Kaufinteressenten fragen, ob sie denn persönliche Erfahrungen mit einem Produkt gemacht hätten, sagen die meisten nein. Und noch häufiger wird die eigene Erfahrung verzerrt, um sie mit den eigenen Wahrnehmungen und Überzeugungen in Einklang zu bringen. Wenn Sie umgekehrt gute Erfahrungen mit einem amerikanischen Automodell gemacht haben, können Sie nur von Glück reden, denn jeder weiß schließlich, daß amerikanische Autos eigentlich nichts taugen.
Jeder weiß, daß Audi-Modelle ihre Mucken haben. Am 23. November 1986 brachte CBS eine sechzigminütige Sendung mit dem Titel: »Out of Control« – außer Kontrolle. Der Bericht lenkte die Aufmerksamkeit auf eine Reihe von Beschwerden über die »unbeabsichtigte Beschleunigung«. Die Audi-Umsätze in den USA gingen prompt in den Keller. Statt 60 000 im Jahr 1986 brachte man 1991 nur noch 12 000 Modelle an den Mann.

Hatten Sie persönlich mal das Problem während einer Probefahrt mit dem Audi, unbeabsichtigt »Tempo zugelegt« zu haben? Unwahrscheinlich. Keiner der Experten, die das Auto auf Herz und Nieren prüften, konnte die Mängelbeschwerde bestätigen. Und trotzdem hat sich an der vorherrschenden Meinung nichts geändert.
Vor kurzem hat sich Audi in Werbespots mit Mercedes und BMW verglichen. Deutsche Experten sind danach der Meinung, daß Audi-Modelle besser sind als vergleichbare Wagen von Mercedes und BMW.
Glauben Sie das? Wahrscheinlich nicht. Ist es die Wahrheit? Das kann sein, aber auch nicht sein. Es ist auf jeden Fall egal.
Marketing ist kein Kampf der Produkte, sondern ein Kampf subjektiver Wahrnehmungen.

Das 5. Gebot im Marketing:
Setzen Sie auf ein Schlagwort!

Das schlagkräftigste Konzept im Marketing
ist ein Schlagwort,
das Sie in den Köpfen der Käufer
für sich gepachtet haben.

Ein Unternehmen kann schier unglaubliche Erfolge erzielen, wenn es ihm gelingt, dem Kunden ein Schlagwort in den Kopf zu setzen. Kein kompliziertes. Und auch kein erfundenes. Die schlichten Worte sind oft die wirkungsvollsten; am besten nehmen Sie also Begriffe, die Sie in jedem Wörterbuch finden.

Das ist das 5. Gebot im Marketing. Sie »brennen« sich Ihren Weg in die Gedanken, indem Sie die Aufmerksamkeit Ihrer Käufer auf ein einziges Wort oder Konzept konzentrieren. Es ist übrigens das größte Opfer, das Ihnen im Marketing abverlangt wird.

Federal Express war imstande, das Wort »Overnight« in den Köpfen zu verankern, weil das Unternehmen seine Produktlinie opferte und sich nur noch auf die blitzschnelle Haus-zu-Haus-Lieferung von Dokumenten- und Paketsendungen beschränkte.

In gewisser Hinsicht ermöglicht das 1. Gebot im Marketing – es ist besser, der Erste, als besser zu sein – einem Pionierprodukt oder Vorreiterunternehmen, ein Schlag-

wort für sich zu pachten. Aber dieses Schlagwort des Marktführers ist so schlicht, daß es überhaupt nicht ins Auge fällt.
Der Marktführer nimmt das Wort in Besitz, das für die Produktgruppe steht. IBM hat in den Köpfen der Konsumenten ein angestammtes Recht auf das Wort »Computer«. Mit anderen Worten: Der Markenname wird zum Sammelbegriff für eine ganze Kategorie.
»Wir brauchen ein IBM-Gerät.« Könnte es irgendeinen Zweifel daran geben, daß hier von der Anschaffung eines Computers die Rede ist?
Man kann die Gültigkeit des Führungsanspruchs, den ein Unternehmen erhebt, auch mit Hilfe eines Wort-Assoziationstests überprüfen. Wenn die Worte Computer, Kopiergerät, Schokoriegel und Cola genannt werden, verknüpfen die meisten Amerikaner auf Anhieb die vier Firmennamen IBM, Xerox, Hershey's und Coca-Cola mit diesen Begriffen.
Ein gewiefter Marktführer geht noch einen Schritt weiter, um seine Position zu festigen. Heinz hatte das Wort »Ketchup« in den Köpfen der Verbraucher mit Beschlag belegt. Und dann kam das Unternehmen auf die Idee, das wichtigste Ketchup-Merkmal herauszufiltern und hervorzuheben. Mit dem Werbespruch »Das langsamste Ketchup im Westen« macht Heinz seinen Alleinanspruch auf das Attribut »zähflüssig« geltend. Damit ist es Heinz »langsam« aber sicher gelungen, einen Marktanteil von 50 Prozent zu halten.
Wenn Sie in Ihrer Branche nicht in Führung liegen, dann muß sich Ihr Wort ganz besonders scharf auf einen Brennpunkt konzentrieren. Noch wichtiger ist jedoch: Ihr Schlagwort sollte in Ihrer Produkt- oder Dienstleistungskategorie noch nicht vergeben sein.

Sie müssen kein Sprachgenie sein, um einen Sieger auszumachen. Prego zog auf dem Spaghettisaucen-Markt gegen den Führer Ragu ins Feld und schnappte sich einen Marktanteil von 25 Prozent – mit einer Idee, die das Unternehmen von Heinz ausgeliehen hatte. Pregos Schlagwort lautet: »dicker«.

Die wirkungsvollsten Worte sind einfach und nutzenorientiert. Egal wie kompliziert das Produkt und egal wie kompliziert der Markt ist, es ist immer besser, sich auf ein Wort oder einen Nutzen zu konzentrieren als auf zwei, drei oder vier gleichzeitig. Dazu kommt noch der »Heiligenschein-Effekt«. Wenn es Ihnen gelungen ist, einen Pluspunkt unauslöschlich zu verankern, dann wird Ihnen der Kunde eine Menge weiterer Pluspunkte geben.

Eine »dickere« Spaghettisauce läßt die Schlußfolgerung zu, daß dieses Produkt Spitzenqualität, nahrhafte Bestandteile, einen hohen Nährwert usw. besitzt. Ein Auto, das »mehr Sicherheit« verspricht, deutet auf besseres Design und bessere Technik hin.

Ob nun infolge eines gezielten Programms oder auch nicht, die erfolgreichsten Firmen (oder Marken) sind diejenigen, die sich fest in den Köpfen der Kunden eingenistet haben. Einige Beispiele:

Marlboro	Freiheit, Abenteuer
Mercedes..................	Technik vom Feinsten
BMW......................	Sportliches Fahren
Volvo	Sicherheit
Ikea	Preiswerte Möbel
Pepsi-Cola.................	Jugend
Aldi	Preiswerte Lebensmittel

Schlagworte können verschiedene Inhalte haben. Sie lassen sich mit einem Nutzen (Karies vorbeugen), mit einer Dienstleistung (Lieferung frei Haus), einer Zielgruppe (jüngere Leute) und dem Umsatz in Verbindung bringen (bevorzugte Marke).
Doch nichts währt ewig. Irgendwann kommt der Zeitpunkt, an dem ein Unternehmen sich von seinem schlagenden Verkaufsargument trennen muß. Das ist keine leichte Aufgabe.
Die jüngste Geschichte der Lotus Development Corporation ist ein anschauliches Beispiel für den wahren Kern des Problems. Einige Jahre lang hatte Lotus das Wort »Spreadsheet« mit Beschlag belegt. *Lotus* war ein Synonym für 1-2-3 oder Tabellenkalkulations-Programm.
Aber der Wettbewerb in der Welt der »Spreadsheets« nimmt zu, und das Wachstumspotential ist begrenzt. Wie andere Unternehmen war auch Lotus auf Wachstum bedacht. Wie sollte der Konzern es anstellen, sich zu einem Mehrproduktunternehmen zu entwickeln?
Die Antwort lautet, in alle Richtungen zu expandieren, wie IBM und Microsoft es getan haben. In der Tat hat Lotus sein Programm mit dem Kauf von Ami Pro, einem Textverarbeitungsprogramm, und der Einführung einer Reihe neuer Software-Produkte auf konventionelle Art erweitert.
Dann erfolgte eine »Umgruppierung«: Lotus konzentrierte sich auf ein neues Konzept namens »Groupware«. Lotus war die erste Software-Firma, die ein Software-Produkt für vernetzte PCs entwickelte. Wenn alles nach Plan verläuft, dann wird sie allmählich ein zweites Schlagwort mit Beschlag belegen (erst Spreadsheet und nun Groupware).
Im Gegensatz zu Microsoft hat Lotus nun ein Konzept

gefunden, auf das sich das gesamte Unternehmen konzentriert. Es wird nicht über Nacht geschehen, aber Lotus könnte sich im Software-Bereich langfristig eine starke Position sichern. Was »Overnight« für Federal Express und das Wort »Sicherheit« für Volvo bewirkt hat, könnte der Begriff »Groupware« für die Lotus Development Corporation bewirken.

Sie können nicht das Schlagwort eines Konkurrenten klauen. Was die Lotus-Strategie so plausibel macht, ist die Tatsache, daß keine andere Firma Lotus das Besitzrecht auf den Begriff »Groupware« streitig machen kann. Dazu kommt, daß in der Branche ein starker Trend in Richtung vernetzte Rechner besteht. Mehr als die Hälfte aller Computer, die in Firmen zum Einsatz kommen, sind an ein Netz angeschlossen. Es gibt sogar eine neue Zeitschrift mit dem Namen *Network Computing.*

Viele Unternehmen haben den Vorteil, der darin liegt, auf ein einziges Schlagwort oder Konzept zu setzen, klar erkannt. Aber sie übersehen die Notwendigkeit, dieses Wort als erste mit Beschlag zu belegen.

Was im Marketing mit Sicherheit nicht funktioniert, ist, sich von Ihrem Schlagwort zu trennen, um sich auf die Suche nach einem zu begeben, das bereits einem anderen gehört. Die Erfahrung mußte die Firma Atari machen, die sich mit dem Wort »Videospiele« einen Weg in die Köpfe der Konsumenten gebahnt hatte. Das Geschäft erlebte jedoch bald eine Flaute, weil es sich nur um eine vorübergehende Laune handelte, und so nahm man 1982 eine Kurskorrektur vor. Der Name Atari sollte künftig für »Computer« stehen.

Konzernchef James Morgan hatte bereits alles geplant: »Ataris Name ist unsere Stärke, aber auch unsere Schwäche. Er wird mit Videospielen gleichgesetzt. Atari muß sein Image neu festlegen und seine geschäftlichen Aktivitäten auf den Bereich der Unterhaltungselektronik-Produkte ausweiten.«

Bedauerlicherweise hatte Mr. Morgans Strategie einen Haken: Ein ganzes Bataillon anderer Unternehmen, einschließlich Apple und IBM, befand sich bereits im Besitz des Schlagworts, auf das er ein Auge geworfen hatte. Ataris Diversifikationsversuch geriet zur Katastrophe. Eine echte Ironie des Schicksals war jedoch die Tatsache, daß 1986 ein Rivale das Spielfeld betrat und sich genau das Konzept aneignete, das Atari ausgemustert hatte. Der Name der Firma lautete Nintendo, und das Spielkonzept hat ihr inzwischen einen Anteil von 75 Prozent des Multi-Milliarden-Dollar-Marktes eingebracht. Und wer weiß schon, was sich bei Atari zur Zeit abspielt?

Der Kern des Marketing ist die Konzentration, die Bündelung Ihrer Aktivitäten. Sie gewinnen an Stärke, wenn Sie die Spannweite Ihrer Geschäftstätigkeit verringern. Sie können nicht hinter einer Idee stehen, wenn Sie tausend anderen Ideen nachjagen.

Einige Firmen haben die Notwendigkeit akzeptiert, ihren Aktionsradius einzuengen, versuchen jedoch, diese Strategie auf eine Weise umzusetzen, die zur Selbstzerstörung führen muß. »Wir konzentrieren uns auf die höchste Qualitätsstufe des Marktes. Wir haben kein Interesse an einer Positionierung im unteren Bereich, wo die Betonung auf dem Preis liegt.«

Das Problem ist nur, daß die Kunden Ihnen das nicht »abkaufen«, solange Sie Ihr Geschäft nicht ausschließlich auf teure Produkte beschränken, wie Mercedes-Benz oder BMW.

General Motors bemühte sich um Spitzenqualität auf allen Preisebenen. »Qualität auf die Straße bringen« lau-

tet der neueste Werbeslogan des Unternehmens. Jedes GM-Produkt trägt ein »Gütesiegel«.
Raten Sie mal, was man bei Ford macht? Das gleiche. »Qualität ist unsere wichtigste Aufgabe« liest man in den Werbeanzeigen des Konzerns.
Und bei Chrysler verkündete Lee Iacocca: »Wir wollen nicht die Größten, sondern nur die Besten sein.« (Sollte tatsächlich irgend jemand glauben, daß Iacocca keinen Wert darauf legt, sich als der Größte zu profilieren?)
Das sind hehre Worte, innerhalb des Unternehmens. Qualität bis ins kleinste Detail, der Weg zu Größe und Ruhm. Das Thema ist auf jeder Händlertagung ein durchschlagender Erfolg.
Doch außerhalb des Unternehmens verliert sich die Botschaft. Würde denn irgendeine Firma lauthals verkünden, sie sei für ihre »Qualitätsmängel« bekannt? Nein, jede steht für Qualität. Weshalb dann eigentlich wieder niemand dahinter steht.
Qualität nützt Ihnen nichts, um Ihre Aktivitäten auf einen Punkt zu bringen, weil Sie keine Verfechter des entgegengesetzten Standpunkts finden. Sie können sich nicht als ehrenhafter Politiker positionieren, weil niemand bereit ist, die Gegenrolle zu spielen, obwohl es eine Fülle von potentiellen Anwärtern dafür gäbe.
Sie können sich indessen als Kandidat positionieren, der sich für die Wirtschaft oder für die Arbeitnehmer ins Zeug legt. Man wird Sie als solchen akzeptieren, weil es eben auch eine Gegenseite gibt.
Wenn Sie Ihr Schlagwort entwickeln, auf das Sie sich konzentrieren, sollten Sie gut gerüstet sein, um die Anwälte abzuwehren. Anwälte wollen allem, was Sie an die Öffentlichkeit bringen, ein eingetragenes Warenzeichen aufdrücken. Der Trick besteht aber darin, andere zu ver-

anlassen, Ihr Wort zu benutzen. (Ein Anführer braucht nun mal eine Gefolgschaft.) Es wäre für Lotus sicher hilfreich, wenn sie andere Firmen dazu bringen könnten, ins »Groupware«-Geschäft einzusteigen. Dadurch würde diese Produktkategorie an Bedeutung gewinnen, und alle wären von Lotus' Marktführerschaft beeindruckt.

Sobald Sie Ihr Schlagwort gefunden haben, müssen Sie alles in Ihrer Macht stehende unternehmen, um es im Markt zu schützen. Der Fall BMW ist dafür ein anschauliches Beispiel. Jahrelang galten BMWs als Nonplusultra für jeden, der Wert auf sportliches Fahren legte. Dann beschloß das Unternehmen, sein Programm zu erweitern und Mercedes-Benz mit der großen 700-Luxusserie den Rang abzulaufen. Das Problem ist nur: Wie kann ein Wohnzimmer auf Rädern einem das Gefühl von Sportlichkeit bieten?

Die Folge war, daß es mit BMW bergab ging. Zum Glück hat das Unternehmen unlängst einen neuen kleinen BMW auf den Markt gebracht und wieder den »sportlichen« Aspekt hervorgehoben. Es hat seine Aufmerksamkeit wieder auf das Wesentliche konzentriert.

Das Gebot, auf ein Schlagwort zu setzen gilt für alles, was Sie verkaufen oder sogar unter Verschluß halten wollen, beispielsweise Drogen.

Den Anti-Drogen-Kampagnen in den Medien mangelt es an Konzentration und Zielgenauigkeit. Den Drogenabhängigen wird kein einziges Wort eingehämmert, das eine abschreckende Wirkung entfalten könnte. Die Werbefeldzüge gegen Drogen werden auf so breiter Front geführt, daß sie über die ganze Landkarte verstreut sind. Man sollte meinen, die Anti-Drogen-Stoßtrupps (die sich schließlich aus Profis zusammensetzen) würden sich eine Scheibe von den Amateuren abschneiden, die für oder gegen Abtreibung kämpfen. Sowohl die Befürworter als auch die Gegner der Abtreibung haben sich auf ein einziges, kraftvolles Schlagwort konzentriert: pro-life (Für das Leben) und pro-choice (Für die Wahlfreiheit der Frau).

Die Anti-Drogen-Liga sollte genauso verfahren. Sich auf ein einziges, gewichtiges Wort konzentrieren. Die Kampagne müßte Drogen zu dem abstempeln, was sie sind: gesellschaftlich unakzeptabel.

Ein Schlagwort, dem dieser Coup gelingen könnte, ist die heutzutage wohl schlimmste Beleidigung, nämlich das Wort »Verlierer«. Da der Drogenkonsum alle möglichen Verluste nach sich zieht (Arbeitsplatz, Familie, Selbstachtung, Freiheit, Leben), könnte ein Programm unter dem Motto: »Drogen sind etwas für Verlierer« eine sehr nachhaltige Wirkung zeitigen. Insbesondere auf die Konsumenten, die nur gelegentlich danach greifen, weil sie einen amüsanten Zeitvertreib darin sehen, in erster Linie aber ihren gesellschaftlichen Status im Auge haben.

Das 5. Gebot im Marketing könnte dazu beitragen, eines der größten Probleme unserer Gesellschaft zu lösen.

Das 6. Gebot im Marketing:
Klauen Sie kein Schlagwort!

Zwei Firmen können nicht dasselbe Schlagwort in den Köpfen der Konsumenten besetzen.

Wenn ein Konkurrent ein Schlagwort oder eine bestimmte Position in den Köpfen der Konsumenten eingenommen hat, ist das Bemühen, dasselbe Wort in Besitz zu nehmen, von vornherein zum Scheitern verurteilt. Volvo hat das Wort »Sicherheit« für sich gepachtet. Viele andere Automobilfirmen, einschließlich Mercedes-Benz und General Motors, haben Marketingkampagnen auf den Weg gebracht, die sich auf das Sicherheitskonzept stützten. Und doch ist es keiner gelungen, ihre Sicherheits-Botschaft in den Köpfen der Kunden zu verankern . . . außer Volvo.
Die Geschichte von Atari zeigt die Aussichtslosigkeit des Versuchs, sich als »Heimcomputer«-Firma zu positionieren und gegen Wettbewerber anzutreten, die bereits festen Fuß im Markt gefaßt haben. Mit einer »Game Computer«-Variante wäre ihr unter Umständen mehr Erfolg beschieden gewesen, weil Ataris Spielkonzept-Image als Sprungbrett hätte dienen können. Aber so konnte man keine großen Sprünge machen. Die Heimcomputer-Position befand sich in festen Händen, nämlich von Apple, Commodore und anderen.

Trotz dieser und ähnlicher Katastrophenmeldungen verstoßen viele Unternehmen auch weiterhin ungehemmt gegen das Gebot, kein Schlagwort zu klauen. Sie können die Meinung der Leute nicht ändern, sobald sie sich eine Meinung gebildet haben. Tatsache ist vielmehr, daß Sie die Position Ihres Konkurrenten noch bestätigen und stärken, indem Sie seinem Konzept zusätzliches Gewicht verleihen.

Federal Express hat dem »Overnight«-Konzept den Laufpaß gegeben und versucht nun, DHL das Wort »worldwide« wegzunehmen. Früher schmückte das Wort »Overnight« die Briefumschläge von Federal Express. Heute finden Sie dort statt dessen den Aufdruck »FedEx Letter«. Und in der Werbung heißt es nicht mehr: »When it absolutely, positively has to be there overnight.«

Das Schlagwort, das seit neuerem immer wieder in der Federal Express-Werbung auftaucht, ist »worldwide«. Damit erhebt sich die wichtige Frage: Kann Federal Express das Wort »worldwide« mit Beschlag belegen? Vermutlich nicht.

Das Wort »worldwide« hat sich bereits ein Rivale einverleibt. Und das ist kein anderer als »DHL Worldwide Express«. Sein Konzept: schnellere Zustellung in mehr Länder der Welt. Um Erfolg zu haben, muß Federal Express einen Weg finden, sich gegen DHL abzugrenzen. Das gelingt dem Unternehmen nicht, wenn es versucht, sich dasselbe Schlagwort zu eigen zu machen.

Eine andere geballte Marketingaktion, die darauf abzielt, der Konkurrenz das Schlagwort abspenstig zu machen, findet man im »Hasenland«. Um es präziser auszudrükken: bei dem pinkfarbenen, energiegeladenen Batterie-Hasen, der versucht, Duracell das »lange Lebensdauer«-Konzept vor der Nase wegzuschnappen.

Gleichgültig, wieviele Hasen Eveready auch in den Kampf schicken mag, Duracell wird nach wie vor imstande sein, sich an das Konzept der »langen Lebensdauer« zu klammern. Duracell hat es als Erster in den Köpfen der Konsumenten verankert und mit Beschlag belegt. Selbst der erste Teil des Namens, »Dura«, deutet auf die lange Lebensdauer des Konzepts hin.
Was die Marktteilnehmer oftmals verlockt, sich auf diesen verminten Pfad zu begeben, ist eine tolle Sache, Marktforschung genannt. Ganze Armeen von Forschern tummeln sich auf den Lohnlisten, Projektgruppen werden gebildet, Fragebögen ausgewertet . . . und was dabei herauskommt, verpackt in einem kiloschweren Bericht, ist eine Wunschliste mit den Eigenschaften, die der Konsument gerne bei einem Produkt oder einer Dienstleistung sähe. Aha, wenn es also das ist, was die Leute wollen, dann sollten wir ihnen genau das geben.
Welches ist das größte Problem mit Batterien? Sie geben zu den unpassendsten Zeiten ihren Geist auf. Welche Eigenschaft wird von den potentiellen Käufern folglich am meisten geschätzt? Die lange Lebensdauer, ist doch klar.
Wenn die Leute also Wert auf eine lange Lebensdauer legen, sollten wir diesen Punkt in der Werbung hervorheben. Richtig? Falsch.
Was die Marktforscher Ihnen nämlich nicht erzählen, ist, daß diese Idee schon längst zu irgendeiner anderen Firma gehört. Sie würden Ihnen vielmehr empfehlen, Marketingprogramme im großen Stil zu starten. Ihre Theorie lautet: Wenn man genug Geld ausgibt, kann man eine Idee mit Beschlag belegen. Richtig? Falsch.
Vor einigen Jahren kam Burger King an diesem rutschigen Hang zu Fall und hat sich seitdem nicht mehr erholt.

Eine Marktstudie hatte gezeigt, daß beim Fast Food-Konzept das Wort »fast« das beliebteste Merkmal darstellte. (Was für Burger King keine große Überraschung war.)
Also tat Burger King, was die meisten Marktteilnehmer tun würden. Das Unternehmen wandte sich an seine Werbeagentur und sagte: »Wenn alle Welt auf Schnelligkeit besteht, dann sollte unsere Werbung rüberbringen, daß wir schnell sind.«
Was bei der Marktforschungsaktion übersehen wurde, war die Tatsache, daß McDonald's bereits in dem Ruf stand, die schnellste Hamburger-Kette im Lande zu sein. »Schnell« war McDonald's Schlagwort.
Burger King ließ sich davon nicht abschrecken und startete eine Werbekampagne unter dem Motto: »Best food for fast times«.
Das Programm wurde schnell zur Katastrophe. Die Werbeagentur wurde gefeuert, das Management wurde gefeuert, die Firma wurde verkauft und der Abschwung gebremst.
Viele Leute mußten dafür büßen, daß sie gegen das Gebot, kein Schlagwort zu klauen, verstoßen hatten.

Das 7. Gebot im Marketing:
Sie müssen Ihren Platz auf der »Leiter« kennen!

Die Strategie, die Sie anwenden sollten,
hängt davon ab,
auf welcher Stufe der Leiter Sie stehen.

Während Ihr vorrangiges Marketingziel darin bestehen sollte, ein Pionierprodukt zu entwickeln, mit dem Sie sich als Erster Eingang ins Bewußtsein der Konsumenten verschaffen, ist die Schlacht noch nicht verloren, wenn Sie mit diesem Unterfangen scheitern. Es gibt auch Erfolgsstrategien für die zweit- und drittplazierten Marken.

Nicht alle Produkte sind gleich geschaffen. Es gibt eine mentale Hierarchie, an die sich Kunden halten, wenn sie Kaufentscheidungen treffen.

Jede Kategorie hat ihre eigene »Produktleiter«. Auf jeder Stufe steht ein Markenname. Nehmen wir den Mietwagenbereich. Hertz hat sich als erste Firma in den Köpfen eingenistet und landete auf der obersten Stufe. Avis war in den USA die Nummer Zwei und National die Nummer Drei.

Sie sollten Ihre Marketingstrategie davon abhängig machen, wie schnell Sie ins Bewußtsein der Verbraucher vordringen und welche Stufe der Leiter Sie folglich besetzen konnten. Je höher, desto besser, versteht sich.

Nehmen wir beispielsweise Avis. Jahrelang rühmte das Unternehmen die Spitzenqualität seines Mietwagen-Service. Eine der Werbekampagnen aus dieser Zeit stand unter dem Motto: »Die Besten in der Mietwagen-Branche«. Der Leser warf einen Blick auf die Anzeige und fragte sich: »Wie kann das sein, daß sie die Besten sind, wenn sie auf meiner Leiter keineswegs auf der obersten Stufe stehen?«

Dann griff Avis zu der einen Strategie, die absolut unerläßlich ist, wenn Sie in den Köpfen des potentiellen Kunden Fortschritte erzielen wollen. Das Unternehmen bekannte sich offen zu seiner Position auf der Erfolgsleiter. »Avis is only No. 2 in rent-a-cars. So why go with us? We try harder.«

Avis hatte dreizehn Jahre hintereinander finanzielle Verluste hinnehmen müssen. Als die Firma eingestand, daß sie auf Platz Zwei rangierte, begann sie, Gewinne einzufahren, saftige Gewinne.

Kurz danach wurde das Unternehmen an ITT verkauft, die prompt einen neuen Werbeslogan aus dem Ärmel schüttelten: »Avis is going to be No. 1.«

Das könnt ihr euch abschminken, sagte sich der Kunde. Auf meiner Leiter steht ihr jedenfalls nicht ganz oben. Und um Nägel mit Köpfen zu machen, griffen viele zum Telefon und riefen Hertz an, sobald sie einen Mietwagen brauchten. Die Werbekampagne erwies sich als Katastrophe.

Viele Marketing-Experten haben die Avis-Geschichte falsch interpretiert. Sie nahmen an, der Erfolg des Unternehmens sei darauf zurückzuführen, daß es sich mehr Mühe gab. (Im Klartext: daß es einen besseren Service bot.)

Völlig daneben. Avis war deshalb erfolgreich, weil das

Unternehmen eine Standortbestimmung vornahm und den Bezug zur Position von Hertz herstellte. (Läge das Geheimnis des Erfolges tatsächlich darin, sich mehr Mühe zu geben, dann wäre Harold Stassen schon mehrmals zum Präsidenten gewählt worden.)

Viele Marketing-Fachleute machen den gleichen Fehler wie Avis. Zur Zeit vergleicht sich die Adelphi University in Garden City, Long Island, mit Harvard (wobei sie natürlich günstig abschneidet). Moment mal, sagt sich der High School-Absolvent, Adelphi ist auf meiner College-Leiter nirgends zu finden. Wie nicht anders zu erwarten, kann Adelphi mit dem Versuch, die geistige Elite an Land zu ziehen, keine nennenswerten Erfolge vorweisen.

Das menschliche Gehirn arbeitet selektiv. Käufer benutzen ihre Leitern, um zu entscheiden, welche Informationen sie speichern und welche sie zurückweisen. Im allgemeinen akzeptiert unser Gehirn nur diejenigen neuen Daten, die mit seiner Produktrangordnung in einer bestimmten Kategorie übereinstimmen. Alles andere wird ignoriert.

Als Chrysler seine Automobile mit Honda verglich, gaben nur wenige ihre Preludes und Accords in Zahlung, um sich einen Plymouth oder Dodge zuzulegen.

In der Schlagzeile einer Werbeanzeige von Chrysler hieß es: »Einen *gebrauchten* Dodge Spirit mit einem *neuen* Honda Accord zu vergleichen, erschien uns ein bißchen lächerlich. Bis wir die Ergebnisse sahen.« Wie man in dieser Anzeige verlauten ließ, wurden 100 Leute gebeten, einen Dodge Spirit mit 70 000 Meilen auf dem Buckel mit einem brandneuen Honda Accord zu vergleichen. Die Mehrheit (58 von 100) entschied sich für den gebrauchten Dodge.

Lächerlich. (Aber vielleicht wahr.)
Welchen Platz nimmt Ihr Produkt in der Rangordnung der Kunden ein? Wieviele Stufen hat diese Leiter überhaupt? Das hängt davon ab, ob es sich um ein High-Interest- oder um ein Low-Interest-Produkt handelt.
Produkte, die Sie jeden Tag benutzen (Zigaretten, Cola, Bier, Zahnpasta, Müsli) gehören in der Regel zu den Erzeugnissen, die großes Kaufinteresse wecken und Leitern mit vielen Stufen haben.
Produkte, die unregelmäßig gekauft werden (Möbel, Rasenmäher, Reisegepäck), haben Leitern mit wenigen Stufen.
Produkte, bei denen der persönliche Stolz eine große Rolle spielt (Autos, Uhren, Kameras), sind ebenfalls Erzeugnisse, die ein hohes Maß an Interesse wecken. Obwohl sie nur gelegentlich gekauft werden, weisen auch ihre Leitern zahlreiche Stufen auf.
Produkte, die in unregelmäßigen Abständen gekauft werden und eine unangenehme Erfahrung beinhalten, haben im allgemeinen nur Leitern mit sehr wenigen Stufen. Autobatterien, Reifen und Lebensversicherungen sind nur drei Beispiele von vielen.
Das »letzte« Produkt, das die unangenehmsten Gedanken wachruft und nur einmal im Leben gekauft wird, hat überhaupt keine Stufen auf seiner Leiter. Haben Sie mal was von Batesville-Särgen gehört? Vermutlich nicht, obwohl die Marke 50 Prozent des Marktes für sich verbuchen kann.
Es besteht eine enge Beziehung zwischen Ihrem Marktanteil und der Position, die Sie auf der Leiter des Käufers einnehmen. In der Regel ist Ihr Marktanteil doppelt so hoch wie derjenige Ihres Konkurrenten, der auf der Stufe unter Ihnen steht, und halb so hoch wie der Marktanteil

des Konkurrenten, der die Stufe über Ihnen erklommen hat.

Acura war beispielsweise das erste japanische Automobil der Luxusklasse. Lexus war die Nummer Zwei, und Infiniti die Nummer Drei. Acura verkaufte in den USA unlängst 143 708, Lexus 71 206 und Infiniti 34 890 Autos pro Jahr. Das Verhältnis zwischen diesen drei Marken läßt sich mathematisch beinahe genau mit 4 : 2 : 1 angeben.

(Die Schlacht zwischen Acura, Lexus und Infiniti hat gerade erst begonnen; die Autos sind noch nicht lange im Rennen und wecken folglich großes Interesse in der breiten Öffentlichkeit und Presse. Langfristig, wenn der Reiz des Neuen verblaßt, wird sich ein anderes Phänomen bemerkbar machen.) Siehe nächstes Kapitel: »Seien Sie Zweiter (wenn Sie nicht Erster sein können«)!

Marketingexperten reden oft über die »drei führenden Marken« einer Kategorie, als wäre da eine Schlacht unter Gleichrangigen im Gange. Das ist fast nie der Fall. Der Marktführer ist unweigerlich stärker als die Nummer Zwei und die Nummer Zwei stärker als die Nummer Drei.

Bei der Babynahrung hat sich in den USA die Rangordnung Gerber, Beech-Nut und Heinz herauskristallisiert. Beim Bier Budweiser, Miller und Coors. Und im Telefonservice-Bereich AT & T, MCI und Sprint.

Welche Höchstzahl an Stufen kann eine Leiter haben? Im Kopf des Käufers scheint die Zahl Sieben die Regel zu sein.

Bitten Sie mal jemanden, alle Marken in einer bestimmten Produktkategorie zu nennen, an die er erinnert. Selten fallen den Leuten mehr als sieben ein – und das gilt nur für High-Interest-Produktkategorien.

Der Harvard-Psychologe Dr. George A. Miller behauptet, das menschliche Gehirn könne nicht mehr als sieben Informationseinheiten auf einen Schlag bewältigen. Was der Grund dafür sein könnte, daß die Zahl Sieben so häufig eine Rolle bei Dingen spielt, die man sich unbedingt merken sollte: siebenstellige Telefonnummern, die sieben Weltwunder, die Sieben Karten beim Stud Poker, Schneewittchen und die sieben Zwerge und die sieben Gefahrensignale bei Krebs.

Manchmal ist Ihre eigene Leiter, oder Kategorie, zu klein. Es könnte besser sein, als kleiner Fisch in einem großen Teich zu schwimmen, als ein großer Fisch in einem kleinen Teich zu sein. Manchmal ist es besser, auf der dritten Stufe einer großen Leiter als auf der ersten Stufe einer kleinen Leiter zu stehen.

7-Up hatte die oberste Stufe der Limonaden-Leiter erklommen. (Sprite stand auf der zweiten Stufe.) Im Soft-Drink-Bereich ist die Cola-Leiter jedoch um einiges größer als die Limonaden-Leiter. (Annähernd zwei von drei nichtalkoholischen Getränken, die in Amerika konsumiert werden, sind colahaltig.) Also kletterte 7-Up die Cola-Leiter mit der Werbekampagne »The Uncola« hoch.

Wie im Fall »Tee oder Kaffee?«, so wurde auch 7-Up bald im Wechsel mit einem colahaltigen Getränk angeboten. Und der 7-Up-Umsatz stieg, bis die Marke im amerikanischen Soft-Drink-Markt an dritter Stelle stand.

Allerdings setzte 7-Up seinen dritten Platz dann durch einen Verstoß gegen das 12. Gebot im Marketing aufs Spiel.

Die Leiter ist eine simple, aber wirkungsvolle Analogie, die hilft, kritische Punkte im Marketing besser zu verstehen. Bevor Sie mit Ihren Marketingaktivitäten loslegen, sollten Sie sich folgende Fragen stellen: Wo stehen wir auf der Leiter? Ganz oben? Auf der zweiten Stufe? Oder sind wir gar nicht auf der Leiter? Dann sorgen Sie dafür, daß sich Ihr Marketingprogramm an den Antworten orientiert!

Das 8. Gebot im Marketing:

Seien Sie Zweiter (wenn Sie nicht Erster sein können)!

Auf lange Sicht entwickelt sich jeder Markt zu einem Rennen zwischen zwei Zugpferden.

In der Frühphase ähnelt eine Produktkategorie einer Leiter mit vielen Stufen. Ganz allmählich, im Verlauf der Zeit, wird diese Leiter jedoch zu einer zweistufigen Angelegenheit.

Bei Fotofilmen heißt das Zweiergespann an der Spitze Kodak und Fuji. Bei Mietwagen Hertz und Avis. Bei den Auktionshäusern Sotheby's und Christie's. Bei Hamburgern McDonald's und Burger King. Bei Flugzeugen Boeing und Airbus. Bei Turnschuhen Nike und Reebok. Wenn Sie das Marketing aus der langfristigen Perspektive betrachten, werden Sie feststellen, daß die meisten Schlachten zu guter Letzt in einem titanischen Kampf zwischen zwei starken Marktteilnehmern enden. In der Regel sind die Kontrahenten die alte, verläßliche und die junge, aufstrebende Marke.

1969 gab es in der Regel drei renommierte Marken eines bestimmten Produkts. Die führende hielt einen Marktanteil von 60 Prozent, die Nummer Zwei hatte 25 Prozent und die Nummer Drei 6 Prozent. Den Rest des Marktes teilten entweder die Haus- bzw. Händlermarken oder weniger bekannte Marken unter sich auf.

Diese Marktanteile sind jedoch unstabil, und im Laufe der Zeit verliert der Marktführer Anteile, während die Nummer Zwei an Volumen gewinnt.
22 Jahre später verringerte sich der Anteil des Marktführers auf 45 Prozent. Die zweitplazierte Marke hielt nun 40 und die dritte 3 Prozent des Marktes. Die Produkte, von denen hier die Rede ist, sind Coca-Cola, Pepsi-Cola und Royal Crown Cola, aber die Prinzipien haben für gleich welche Marke in gleich welchem Land Gültigkeit.
Werfen wir mal einen Blick auf die amerikanischen Telefonfirmen. AT & T hat 65 Prozent des Marktes, MCI 19 Prozent und Sprint 10 Prozent unter Kontrolle. Wer wird aus den Telefonkriegen als Gewinner und wer als Verlierer hervorgehen?
Die Zukunft liegt zwar jenseits menschlicher Erkenntnis (Kapitel 17: Glauben Sie keinen Vorhersagen), aber wer eine Wette abschließt, würde sein Geld auf MCI setzen. MCI hat den Kampf gegen Sprint um Platz Zwei gewonnen; jetzt steht zu erwarten, daß der aufstrebende Neuling der alten verläßlichen AT & T die Stirn bietet.
Sprint fühlt sich augenscheinlich sehr wohl auf der dritten Stufe der Leiter. 10 Prozent klingt nicht sonderlich beeindruckend, aber hinter dieser Zahl steckt ein Jahresumsatz von 6 Milliarden Dollar. Und der Markt wächst rapide. Langfristig muß Sprint jedoch mit ernsthaften Problemen rechnen.
Man braucht sich nur einmal anzusehen, was mit Royal Crown Cola passiert ist.
1969 beschloß die Firma Royal Crown, ihr Franchise-System wiederzubeleben, das in einer Stärke von 350 Abfüllerstationen mobil gemacht wurde. Sie nahm den ehemaligen Präsidenten von Rival Pet Foods, einen Veteranen sowohl im Coke- als auch im Pepsigeschäft, an Bord.

Außerdem engagierte das Unternehmen Wells, Rich, Greene, eine hochkarätige New Yorker Werbeagentur. »Wir ziehen aus, Coke und Pepsi den Todesstoß zu versetzen«, verkündete Mary Wells Lawrence, die Agenturchefin, den Royal Crown-Abfüllern. »Ich hoffe, Sie entschuldigen das Wort, aber wir haben es wirklich darauf abgesehen, ihnen an die Gurgel zu gehen.«

Die einzige Marke, die zu Tode kam, war Royal Crown. In einem gesättigten Markt ist der dritte Platz eine Position, in der es ein bißchen schwierig werden kann.

Nehmen wir die amerikanische Autoindustrie. Trotz heroischer Sanierungsmaßnahmen, die Lee Iacocca in die Wege leitete, steckt Chrysler in der Klemme. Auf lange Sicht wird das Marketing-Rennen von zwei Automarken bestritten.

Nehmen wir die Videospiele. Gegen Ende der achtziger Jahre beherrschte Nintendo mit einem Anteil von 75 Prozent den Markt. Die zwei Firmen, die unter »ferner liefen« rangierten, waren Sega und NEC.

Heute liefern sich Nintendo und Sega ein Kopf-an-Kopf-Rennen, und NEC ist weit abgeschlagen. Auf lange Sicht ist Marketing ein Spiel, bei dem nur zwei Teilnehmer mitmischen.

Der Zeitrahmen kann indessen unterschiedlich sein. Der Videospiele-Markt, der auf der Schnellspur unterwegs ist, wird nach zwei oder drei fetten Jahren ausgespielt haben. Dem Telefon-Markt könnte eine Lebensdauer von zwei oder drei Jahrzehnten beschieden sein.

Nehmen wir die Fluggesellschaften. American Airlines hat mit 20 Prozent des Marktes die Nase vorn und wird sich vermutlich zum Coca-Cola der Lüfte aufschwingen. Die interessante Schlacht findet zwischen Delta und United statt, die augenblicklich mit jeweils 18 Prozent punktgleich in Warteposition stehen. Eine dieser beiden wird einen Senkrechtstart wie Pepsi und die andere einen Sturzflug wie Royal Crown aufs Parkett legen. Auf lange Sicht ist Marketing ein Rennen, an dem nur zwei Fluggesellschaften teilnehmen.

Sind diese Ergebnisse vorprogrammiert? Natürlich nicht. Es gibt noch andere Gebote im Marketing, die sich ebenfalls auf die Ergebnisse auswirken können. Darüber hinaus kann Ihr Marketingprogramm großen Einfluß auf Ihre Umsatzzahlen ausüben, vorausgesetzt, daß sie mit den unumstößlichen Geboten im Marketing übereinstimmen. Falls Sie eine schwache Nummer Drei sind wie Royal Crown, werden Sie keine großen Fortschritte erzielen, wenn Sie gegen die beiden starken Marktführer zu Felde ziehen. Sie hätten allerdings eines tun können: sich eine gewinnträchtige Marktnische suchen.

Das Wissen, daß auf lange Sicht jeder Markt zu einem Rennen zwischen zwei Zugpferden wird, kann Ihnen dabei helfen, auf kurze Sicht Ihre Strategie zu planen.

Es kommt häufig vor, daß sich nicht klar bestimmen läßt, wer die Nummer Zwei ist. Was als nächstes geschieht, hängt dann vom Geschick der Rivalen im Wettbewerb ab. Nehmen Sie beispielsweise die Laptop-Sparte. Toshiba liegt an erster Stelle mit einem Marktanteil von 21 Prozent. Auf Platz zwei rangieren jedoch fünf Firmen: Zenith, Compaq, NEC, Tandy und Sharp, mit Marktanteilen zwischen 8 und 10 Prozent. Es muß lustig sein zu beobachten, wie sechs Pferde eine Kurve nehmen, die eigentlich nur zweien Platz bietet. Toshiba und wer? Wer kommt als zweiter ins Ziel?

Besonders tragisch, vom Standpunkt der Wirtschaftlichkeit betrachtet, ist die Verschwendung der Ressourcen in vielen Produktkategorien. Derzeit befinden sich 130 Lap-

top-Marken im Handel. Nur wenige dieser Marken werden das 21. Jahrhundert erleben.
Werfen wir noch einen kurzen Blick auf die Geschichte des Automobils in Amerika. 1904 gingen 195 verschiedene Automodelle in 60 Firmen vom Fließband. Innerhalb der nächsten zehn Jahre wurden 531 Unternehmen gegründet und 346 verschwanden von der Bildfläche. 1923 waren nur mehr 108 Autohersteller übriggeblieben. Diese Zahl ging 1927 auf 44 zurück. Heute beherrschen Ford und General Motors den amerikanischen Markt; Chryslers Zukunft steht in den Sternen.
Die erfolgreichen Marktteilnehmer findet man geballt auf den zwei obersten Stufen der Leiter. Jack Welch, der legendäre Vorstandsvorsitzende und Konzernchef von General Electric, sagte kürzlich: »Nur Unternehmen, die in ihren Märkten die Nummer Eins oder Nummer Zwei sind, haben eine Chance, sich im weltweiten, zunehmend härteren Wettbewerb zu behaupten. Die Firmen, denen das nicht gelungen ist, wurden konsolidiert, geschlossen oder verkauft.«
Es ist eben diese Denkweise, die Firmen wie Procter & Gamble zu den Machtzentren gemacht haben, die sie heute sind. In 32 seiner 44 Produktkategorien hat P & C in den USA Platz Eins oder Zwei erobert.
In der Frühphase, wenn sich ein Markt noch entwickelt, erscheinen die Positionen Drei und Vier ganz reizvoll. Der Absatz steigt. Neue Kunden mit geringen Produktkenntnissen drängen in den Markt. Sie wissen nicht immer, welche Marken führend sind, und deshalb greifen sie zu denjenigen, die interessant oder reizvoll wirken. Ziemlich oft stellt sich heraus, daß diese Produkte den dritten oder vierten Platz im Markt halten.
Im Laufe der Zeit sammeln diese Kunden jedoch Infor-

mationen und Erfahrungen. Sie wollen die führende Marke, und dieser Wunsch basiert auf der naiven Annahme, die erste müsse die bessere sein.
(Nur zur Wiederholung: Der Kunde glaubt, Marketing sei ein Kampf der Produkte. Und eben diese Denkweise trägt dazu bei, daß sich die beiden vorrangigen Marken an der Spitze halten können. »Sie müssen die besten sein; schließlich sind sie ja marktführend.«)

Das 9. Gebot im Marketing:

Seien Sie anders!

Wenn Sie auf den zweiten Platz abzielen,
wird Ihre Strategie vom Marktführer bestimmt.

In jeder Stärke ist Schwäche verborgen. Überall dort, wo der Marktführer seine Muskeln spielen läßt, besteht eine Chance für den Möchtegern-Zweiten, das Blatt zu seinen Gunsten zu wenden.

Ähnlich wie sich ein Ringer den schwungvollen Angriff seines Gegners zunutze macht, um ihn auszuhebeln und auf die Bretter zu schicken, sollte ein Unternehmen den Hebelgriff ansetzen und die Stärke des Marktführers in eine Schwäche verwandeln.

Wenn Sie festen Fuß auf der zweiten Stufe der Leiter fassen wollen, müssen Sie die Firma über Ihnen genau unter die Lupe nehmen. Wo liegt ihre Stärke? Und wie können Sie diese Stärke in eine Schwäche verwandeln?

Sie müssen den Schlüsselmerkmalen des Marktführers auf die Spur kommen und dem Kunden dann ein »Kontrastprogramm« bieten. (Mit anderen Worten: Versuchen Sie nicht, besser zu sein; bemühen Sie sich vielmehr, anders zu sein.) In diesem Kampf treten oft die neuen, aufstrebenden gegen die alten, bewährten Produkte an.

Coca-Cola ist inzwischen 100 Jahre alt. Nur sieben Menschen haben seit Anbeginn der geschichtlichen Zeitrechnung einen Blick auf die Coke-Rezeptur werfen dürfen, die in einem Tresor in Atlanta liegt. Coca-Cola ist das altbekannte, etablierte Produkt. Pepsi-Cola hielt sich an das Gebot, anders zu sein; der Konzern baute sich ein Image auf, das dem von Coca-Cola widersprach, und wurde zur Alternative für eine neue Generation: die Pepsi-Generation.

Wenn Sie einen Blick auf eine x-beliebige Produktkategorie werfen, dann stellen Sie fest, daß es zwei Käufertypen dafür zu geben scheint: diejenigen, die vom Marktführer kaufen wollen, und diejenigen, die nicht vom Marktführer kaufen wollen. Ein Anwärter auf Platz Zwei muß einen Weg finden, die letztgenannte Zielgruppe anzusprechen. Anders ausgedrückt: Wenn Sie sich als Gegenpol zum Marktführer positionieren, graben Sie sämtlichen anderen Alternativen zur Nummer Eins das Wasser ab. Falls es denn stimmt, daß ältere Leute Coke und junge Leute Pepsi trinken, dann bliebe niemand mehr übrig, der Royal Crown Cola konsumiert.

Es gibt jedoch viel zuviele Anwärter auf den zweiten Platz, die dem Marktführer nacheifern. Das ist für gewöhnlich ein Fehler. Sie müssen sich als *die* Alternative präsentieren.

Die Reputation von *Time* baut auf blumiger Berichterstattung auf. Also verkehrte *Newsweek* die Idee ins Gegenteil und konzentrierte sich auf einen sachlich-nüchternen Schreibstil: »Wir trennen zwischen Fakten und Meinungen.« Mit anderen Worten: *Newsweek* bringt Meinungen in den Leitartikeln unter und nicht in den Nachrichtenspalten.

Manchmal müssen Sie rücksichtslos sein. Scope, das

Mundwasser mit dem guten Geschmack, hängte seinem Konkurrenzprodukt Listerine das Etikett »Medizin-Atem« an.
Es reicht aber nicht aus, der Konkurrenz einen Schlag zu versetzen. Das Gebot, anders zu sein, müssen Sie in zwei Schritten in Angriff nehmen. Erst arbeiten Sie bei Ihrem Gegner eine Schwäche heraus, die auch für die Kunden sichtbar ist (Einmal an Listerine schnuppern reicht aus, um zu wissen, daß Ihr Mund wie ein Krankenhaus riechen würde). Und dann heben Sie sich positiv davon ab (Scope ist ein wohlschmeckendes Mundwasser, das Bakterien abtötet).
Als Beck's auszog, um Amerika zu erobern, hatte die Brauerei ein Problem. Sie konnte nicht den Anspruch geltend machen, das erste Importbier auf den Markt zu bringen (das war Heineken), noch die Werbetrommel für das erste aus Deutschland importierte Bier rühren (das war Löwenbräu).
Die Brauerei löste das Problem, indem sie Löwenbräu neu positionierte. »Sie haben das deutsche Bier probiert, das in Amerika das beliebteste ist. Probieren Sie nun das deutsche Bier, das in Deutschland das beliebteste ist.« Heute macht Beck's den zweitgrößten Umsatz im amerikanischen Markt für Biersorten, die aus Europa stammen. (Wenn's um Bier geht, setzen die Amerikaner größeres Vertrauen in den deutschen Geschmack als in den eigenen.)
Daß man die Wahrnehmungen der Käufer auf diese Weise manipulieren kann, kommt freilich nur höchst selten vor. (Das ganze ist ohnehin eine rein akademische Übung, da Löwenbräu inzwischen in Amerika gebraut wird.)
Wenn ein Produkt in die Jahre kommt, schleppt es oft

einiges an Ballast mit sich herum. Das gilt ganz besonders für den Arzneimittel-Bereich.
Nehmen Sie Aspirin, ein Produkt, das 1899 eingeführt wurde. Da Tausende von medizinischen Tests mit dem Mittel durchgeführt wurden, stand zu erwarten, daß irgend jemand ein Haar in der Suppe finden würde. Und tatsächlich, man stellte fest, daß es Magenblutungen verursachen kann, gerade noch rechtzeitig ... für Tylenol, das 1955 auf den Markt kam.
Dank des Presserummels, der um die »Magenblutungen« gemacht wurde, konnte sich Tylenol innerhalb kürzester Zeit als Alternative positionieren. »Für die Millionen, die kein Aspirin nehmen sollten« hieß es in der Tylenol-Werbung. Heute hat Tylenol Aspirin überrundet und sich zum umsatzstärksten Produkt in den amerikanischen Drugstores entwickelt.
Stolichnaya war in der Lage, amerikanischen Wodkasorten wie Smirnoff, Samovar und Wolfschmid das Etikett »gefälschter Russischer Wodka« anzuhängen. Man wies einfach darauf hin, daß diese Marken aus Orten wie Hartford (Connecticut), Schenley (Pennsylvania) und Lawrenceburg (Indiana) stammten. Die Wiege des Stolichnaya-Wodka steht dagegen in St. Petersburg (Rußland), was seine Echtheit verbürgt.
Es muß ein Körnchen Wahrheit in einer Behauptung stecken, wenn sie wie eine Bombe einschlagen soll. Ein klassisches Beispiel dafür, wie man seine Gegner bloßstellt, war eine Werbeanzeige von Royal Doulton China, deren Spitze gegen den größten amerikanischen Konkurrenten des Unternehmens gerichtet war. In der Schlagzeile war zu lesen: »Royal Doulton, Porzellan aus Stoke-on-Trent, England, gegen Lenox, Porzellan aus Ponoma, New Jersey.«

Die Anzeige schlachtete die Tatsache aus, daß viele dachten, Lenox sei importiertes Porzellan. Dadurch, daß Royal Doulton den Konkurrenten Lenox neu positionierte und ihm den Platz zuwies, auf den er wirklich gehörte - nämlich nach Ponoma, New Jersey -, konnte das Unternehmen als die »echte englische Porzellanmanufaktur« Fuß fassen. Der Grund: Die meisten Leute können sich nur schwer vorstellen, daß Kunsthandwerker hauchdünne, feinkeramische Erzeugnisse an einem Ort mit einem so prosaisch klingenden Namen wie Ponoma, New Jersey, herstellen.

(Als die Engländer die Werbeanzeige zu Gesicht bekamen, brachen sie in schallendes Gelächter aus, denn Stoke-on-Trent klingt nicht weniger prosaisch als Ponoma.)

Marketing ist oft ein Kampf um Legitimität. Die erste Firma, die ein Konzept kapert, kann ihre Konkurrenten häufig als Heuchler hinstellen, die sich mit fremden Federn schmücken.

Eine gute Nummer Zwei kann es sich nicht leisten, schüchtern zu sein. Wenn Sie es aufgeben, sich auf die Nummer Eins zu konzentrieren, bieten Sie nicht nur dem Marktführer, sondern auch dem Rest der Meute Ihre Achillesferse dar. Denken Sie nur mal an das Trauerspiel, das Burger King in den letzten Jahren aufgeführt hat. Die Nummer Zwei im Hamburgergeschäft mußte harte Zeiten durchstehen und zahlreiche Führungswechsel, neue Besitzer und ein ganzes Bataillon von Werbeagenturen verkraften. Man muß die Geschichte des Unternehmens nicht in alle Einzelheiten zerlegen, um zu erkennen, was da schiefgelaufen ist.

Burger King hatte seine erfolgreichsten Jahre, als der Konzern zum Angriff blies. Er eröffnete die Attacke mit der Parole: »Have it your way«, die McDonald's »Fließband-Rezept« für Hamburger aufs Korn nahm. Dann feuerte er das Geschoß »Broiling, not frying« und »The Whopper beats the Big Mac« auf den Gegner ab. Alle diese Programme bestätigten und festigten die zweite, die alternative Position.

Und dann ignorierte Burger King aus irgendeinem unerfindlichen Grund das Gebot, anders zu sein. Das Unternehmen bekam es mit der Angst zu tun und hörte auf, McDonald's Paroli zu bieten. Die Welt lernte »Herb, den Trottel«, »The best food for fast times«, »We do it the way you do it«, »You've got to break the rules« und ähnliche Sprüche kennen. Man brachte sogar ein Programm auf den Weg, das für jüngere Kinder verlockend sein sollte, einer der Stützpfeiler, auf dem McDonald's Stärke beruht.

Das ist nicht die richtige Methode, um sich als starke Nummer Zwei zu profilieren. Burger Kings Umsatz ging zurück und erreichte nie wieder das vorherige Niveau.

Der Konzern machte einen Fehler, als er nicht auf Gegenkurs steuerte.

Das 10. Gebot im Marketing:
Teile und herrsche!

Im Laufe der Zeit teilt sich eine Kategorie,
und es entstehen zwei oder mehr Segmente.

Ähnlich wie Amöben, die sich durch Zellteilung vermehren, könnte man den Markt als ein Meer von Kategorien betrachten, das sich ständig ausdehnt.

Eine Kategorie geht als festgefügte Einheit an den Start. Computer beispielsweise. Aber im Laufe der Zeit spaltet sie sich in andere Segmente. Großrechner, Minirechner, Workstations, PCs, Laptops, Notebooks und Notepads.

Wie der Computer ging auch das Automobil als festgefügte Einheit an den Start. Drei Marken (Chevrolet, Ford und Plymouth) beherrschten den Markt. Dann teilten sich die Kategorien. Heute gibt es Luxuskarossen, Fahrzeuge der mittleren und der unteren Preisklasse, Minivans, Wohnmobile, Kleinwagen, Limousinen, mittelgroße Autos und Sportwagen.

Als das Fernsehen aus der Taufe gehoben wurde, konnten die Sender ABC, CBA und NBC 90 Prozent der Zuschauer auf sich vereinigen. Heute haben wir Sendernetze, Privatsender, Kabelfernsehen, Pay-TV, die öffentlich-rechtlichen Sendeanstalten und bald auch Fernsehen mit Rückkanaltechnik und interaktives Fernsehen.

Mit dem Bier fing es genauso an. Heute gibt es in Amerika importiertes und heimisches Bier, Premium und erschwingliche Biersorten, Light-Bier, Helles vom Faß, Lagerbier und alkoholfreies Bier.

Sogar ganze Nationen teilen sich. (Denken Sie nur an das Chaos im ehemaligen Jugoslawien.) 1776 gab es rund 35 Kaiserreiche, Königreiche, Länder und Staaten auf der Welt. Bis zum Ausbruch des Zweiten Weltkriegs hatte sich ihre Anzahl verdoppelt. 1970 waren auf der Landkarte mehr als 130 Länder zu finden. Heute werden ungefähr 190 Länder als souveräne Staaten anerkannt.

Oder nehmen wir die Welt der Musik. Früher gab es klassische Musik und Unterhaltungsmusik. Um in der Unterhaltungsmusik auf dem laufenden zu bleiben, mußten Sie nur die Hitparaden im Fernsehen verfolgen, in der die zehn beliebtesten Schlager der Woche, die »Top 10«, vorgestellt wurden.

Der Hörfunk übernahm die Idee und weitete die Rangliste auf die vierzig Spitzenreiter, die »Top 40«, aus. Heute befindet sich dieses Programm in den USA auf dem absteigenden Ast, weil es mehr als eine »Meßlatte« gibt. *Billboard*, die Bibel des Musikgeschäfts, führt elf getrennte Hitlisten: für Klassik, Modern Jazz, Country-Musik, die Sparte Crossover für Opern-/Operettenstars, die gelegentlich zur leichten Muse überwechseln, Tanzmusik, lateinamerikanische Klänge, Jazz, Popmusik, Rap, Rhythm & Blues und Rockmusik.

Und es gibt elf Champions in diesen elf Kategorien. Zu denen jüngeren Datums gehören: Itzhak Perlman, Fourplay, Garth Brooks, Luciano Pavarotti, Michael Jackson, Mi Mayor Necesidat, Dave Grusin, Enya, Public Enemy, Vanessa Williams und Bruce Springsteen.

Jedes Segment ist eine eigenständige, deutlich von anderen abgegrenzte Einheit. Und jedes Segment hat seine eigene Nummer Eins, obgleich es selten dieselbe ist, die ursprünglich die Spitze hielt. IBM führt im Großrechner-Bereich, DEC bei den Minirechnern und Sun bei den Workstations.

Anstatt dieses Konzept der Teilung zu verstehen, halten viele Führungskräfte an dem naiven Glauben fest, man könnte die Kategorien auch miteinander kombinieren. »Synergieeffekt« und »Unternehmenszusammenschluß« sind zu Lieblingswörtern der amerikanischen Manager geworden.

IBM steht, laut *The New York Times*, Gewehr bei Fuß, um »sich das künftige, stetige Zusammenwachsen ganzer Industrien zunutze zu machen, einschließlich Fernsehen, Musik, Verlagswesen und elektronische Datenverarbeitung.«

The Times ließ verlauten: »IBMs stärkste Trumpfkarte in der zu erwartenden Annäherung von Kabel- und Telefonnetz-Anbietern und Computer- und Fernsehherstellern könnte die Technologie sein, die der Konzern für die Konstruktion von Schnellübertragungsnetzen entwickelt hat.« (Siehe Kapitel 20: Trauen Sie den Medien nicht.)

Oder nehmen wir den Bereiche der sogenannten »Finanzdienstleistungen«, für den man so kräftig die Werbetrommel gerührt hat. In Zukunft wird es, so weiß die Presse zu berichten, keine Banken, Versicherungsgesellschaften, Wertpapiermakler oder Bausparkassen mehr geben. Statt dessen werden wir die Geburt von Finanzdienstleistungsunternehmen erleben. Bis jetzt hat sich nichts dergleichen getan.

Prudential, American Express und andere sind in die Finanzdienstleistungsfalle getappt. Die Kunden wollen jedoch keine Finanzdienstleistungen. Sie wollen Aktien, eine Lebensversicherung oder Bankkonten. Und sie zie-

hen es vor, fein säuberlich zu trennen und jede Dienstleistung von einem anderen Unternehmen zu erwerben.
Wenn der Marktführer seine dominierende Stellung halten will, bleibt ihm nur eine Möglichkeit: Er muß jedem Kind einen eigenen Namen geben und seine Strategie auf jedes Segment abstimmen, das auftaucht, wie es General Motors in der guten alten Zeit mit Chevrolet, Pontiac, dem Oldsmobile, Buick und Cadillac gemacht hat. (Und neuerdings mit dem GEO und Saturn.)
Es ist ein Fehler, wenn Unternehmen versuchen, den bekannten Markennamen in einer Kategorie unverändert auf eine andere Kategorie zu übertragen. Ein klassisches Beispiel ist das Schicksal, das Volkswagen ereilte, nachdem der Konzern den Kleinwagen nach Amerika gebracht hatte. Der »Käfer« fuhr einen heißen Reifen und holte sich einen Anteil von 67 Prozent des amerikanischen Importwagen-Marktes.
Der Volkswagen war ein solcher Erfolg, daß man in Wolfsburg dachte, man könne es General Motors gleichtun und größere, schnellere und sportlichere Autos verkaufen. Also klaubte man sämtliche Modelle, die in Deutschland vom Fließband gingen, zusammen und verschiffte sie in die USA. Im Gegensatz zu GM benutzte man jedoch für sämtliche Sprößlinge denselben Namen, nämlich Volkswagen.
»Different Volks for different folks« hieß es in den Werbeanzeigen, die fünf verschiedene Modelle zeigte, einen Käfer, einen 412 Tourenwagen, den Dasher, den Thing und sogar einen Kombi. Es erübrigt sich wohl zu sagen, daß der Rubel nur bei dem »Kleinen« rollte, dem Käfer.
VW versuchte es weiter. Der Konzern beendete den Käfer-Verkauf in Amerika und bot eine neue Familie großer, schneller und teurer VW-Modelle an. Nun gab es also den

Vanagon, den Scirocco, den Jetta, den Golf GL und das Kabriolet. Volkswagen errichtete sogar eine Fabrik in Pennsylvania, wo diese wundersamen neuen Autos gebaut werden sollten.

Zum Leidwesen von Volkswagen war der Kleinwagen-Markt unvermindert auf Expansionskurs. Und da die Leute keinen langlebigen, wirtschaftlich rentablen VW mehr kaufen konnten, stiegen sie auf Toyota, Honda und Nissan um. Heute ist VWs Marktanteil von ehemals 67 Prozent auf weniger als 4 Prozent geschrumpft.

Volkswagen ist nicht irgendeine kleine europäische Marke wie Saab oder Alfa Romeo, sondern die umsatzstärkste in Europa. Die Automodelle, die VW in den USA verkauft, sind genau die gleichen wie in Europa. Nur die Einstellungen und Meinungen der Käufer sind anders.

In den USA setzt man Volkswagen mit klein und häßlich gleich. Kein Amerikaner will einen großen, schönen VW kaufen.

Honda, einer von VWs Konkurrenten, beschloß, die obere Preisklasse des Marktes anzupeilen. Statt den Namen Honda im Luxusauto-Segment zu benutzen, führte man den »Acura« ein. Das Unternehmen entschied sich sogar für die kostspielige Maßnahme, ein eigenes Acura-Händlernetz aufzubauen, um den übrigen Honda-Modellen nicht ins Gehege zu kommen.

Der Acura war der erste japanische Luxuswagen in den USA. Heute verkauft Honda in Amerika mehr Acuras als sein Konkurrent VW insgesamt Autos absetzt. Der Konzern ist inzwischen in zwei Kategorien mit seinen Marken in Führung gegangen.

Was Marktführer davon zurückhält, eine andere Marke einzuführen, um ein neues Segment abzudecken, ist die

Angst vor den Auswirkungen auf ihre bereits gängigen Produkte.

General Motors ließ sich Zeit mit seiner Reaktion auf die Luxusklassen-Kategorie, die Mercedes und BMW ins Leben gerufen hatten. Ein Grund war die Annahme, daß die Einführung einer neuen Marke, die Cadillac den Rang abzulaufen vermochte, die damaligen Cadillac-Vertragshändler zu verärgern drohte.

Schließlich versuchte man, Cadillac mit dem 54 000 Dollar teuren Allante in der oberen Preisklasse zu positionieren. Der Schuß ging nach hinten los. Warum sollte irgend jemand soviel Geld für einen Cadillac ausgeben, wenn die Nachbarn denken könnten, man habe nicht mehr als 30 000 Dollar bezahlt? Mit dem Allante war kein Prestigegewinn möglich.

Unter Umständen hätte sich für General Motors die Strategie ausgezahlt, ein neues Modell im Mercedes-Markt zu positionieren. (Vielleicht wäre ein Comeback des klassischen LaSalle möglich gewesen.)

Die Wahl des richtigen Zeitpunkts ist ebenfalls wichtig. Sie können zu früh dran sein, um ein neues Marktsegment voll abzuschöpfen. Damals in den fünfziger Jahren war der Nash Rambler Amerikas erster Kleinwagen. Aber American Motor fehlte es entweder an Geld oder an Courage, solange am Ball zu bleiben, bis sich der Markt entwickelt hatte.

Es ist besser, zu früh als zu spät zu kommen. Sie können sich aber nur dann als Erster einen Platz in den Köpfen der Käufer erobern, wenn Sie bereit sind, sich in Geduld zu üben und zu warten, bis die Zeit reif ist.

Das 11. Gebot im Marketing:

Denken Sie langfristig!

Es dauert seine Zeit,
bis das Marketing Wirkung zeitigt.

Ist Alkohol ein Mittel, das stimuliert oder ruhig stellt? Wenn Sie am Wochenende irgendein x-beliebiges Lokal besuchen, würden Sie wetten, daß Alkohol eine anregende Wirkung hat. Der Lärm und das Gelächter sind ein unwiderlegbarer Beweis für den stimulierenden Effekt. Um vier Uhr morgens, wenn Sie sehen, wie ein paar dieser »trinkfesten« Zecher ihren Rausch auf der Straße ausschlafen, würden sie gleichwohl schwören, daß Alkohol ein Beruhigungsmittel ist.

Rein chemisch betrachtet hat Alkohol einen stark dämpfenden Einfluß. Aber kurzfristig wirkt er stimulierend, weil er die Hemmschwelle des Menschen herabsetzt.

Bei vielen Marketing-Schachzügen läßt sich das gleiche Phänomen beobachten. Die Langzeitwirkungen stehen oft in krassem Gegensatz zu den kurzfristigen Effekten.

Wird durch einen Schlußverkauf der Umsatz erhöht oder verringert? Es leuchtet ein, daß er den Absatz kurzfristig ankurbelt. Es gibt jedoch immer mehr Indizien, die darauf hinweisen, daß die Absatzentwicklung durch den Schlußverkauf langfristig gebremst wird. Die Kunden

lernen nämlich, daß es sich nicht auszahlt, zum »regulären« Preis zu kaufen.
Was sagt ein Schlußverkauf dem Kunden – abgesehen davon, daß er vielleicht ein Schnäppchen machen kann? Er sagt ihm, daß die regulären Preise zu hoch sind. Nachdem der Schlußverkauf vorüber ist, neigt er dazu, ein Geschäft zu meiden, das in dem Ruf steht, ein »Ramschladen« zu sein.
Um das Absatzvolumen konstant zu halten, meinen viele Einzelhändler, sie müßten nahezu ständig reduzierte Ware anbieten. In Amerika ist es beispielsweise nichts Ungewöhnliches, bei einem Spaziergang entlang einer Einkaufszeile ein dutzend Geschäfte hintereinander zu entdecken, die ein »Sale«-Schild im Fenster haben.
Konnten die Preisnachlaß-Programme der Autohändler den Absatz steigern? Mit der Rabatt-Welle ging ein Absatzrückgang einher. Der Verkauf amerikanischer Autos ist seit fünf Jahren rückläufig.
Seamans, die größte Möbelfirma im Umkreis von New York City, wartete jede Woche mit einem »Sale«-Schild und reduzierten Preisen auf. Seamans mußte vor kurzem Konkurs anmelden.
Es gibt auch keinen klaren Beweis dafür, daß die Ausgabe von Gutscheinen den Umsatz langfristig nach oben treibt. Viele Unternehmen haben festgestellt, daß sie sich vierteljährlich eine Gutschein-Spritze verabreichen müssen, damit das derzeitige Umsatzniveau nicht ins Kippen gerät. Sobald sie die Gutscheine aus dem Verkehr ziehen, fällt der Umsatz.
Mit anderen Worten: Der Gutscheinfluß wird nicht in Gang gehalten, weil man damit den Umsatz erhöht, sondern um zu verhindern, daß der Umsatz zusammenbricht, sobald man aufhört. Gutscheine sind wie eine

Droge. Man kann nicht davon lassen, weil die Entzugserscheinungen zu schmerzhaft wären.

Im Einzelhandel sahnen diejenigen Firmen kräftig ab, die »jeden Tag Niedrigpreise« haben. Ketten wie Wal-Mart und Kmart und die zunehmenden Lagerverkäufe. Wohin man auch blickt, überall findet man ein Preisgefälle wie bei einer Berg- und Talfahrt. Die Fluggesellschaften und Supermärkte sind nur zwei Beispiele von vielen. Vor kurzem entschloß sich Procter & Gamble jedoch zu dem kühnen Schritt, eine einheitliche Preisbildungstrategie auf den Weg zu bringen und damit vielleicht einen neuen Trend einzuläuten.

Im alltäglichen Leben finden sich viele Beispiele für kurzfristige Gewinne, die sich langfristig als Verluste entpuppen. Verbrechen ist ein typisches Beispiel. Wenn Sie bei einem Bankraub 100 000 Dollar erbeuten und am Ende zehn Jahre hinter Gittern verbringen, haben Sie entweder 100 000 Dollar für einen Tag Arbeit oder für jedes Jahr Zwangsarbeit 10 000 Dollar kassiert. Das hängt von Ihrer Sichtweise ab.

Die Inflation kann einer Volkswirtschaft kurzfristig einen »Ruck« geben, aber auf lange Sicht führt sie zur Rezession. (Die Brasilianer haben das bis jetzt noch nicht herausgefunden.)

Kurzfristig gesehen ist Völlerei ein Labsal für die Psyche; langfristig verursacht sie jedoch Fettleibigkeit und Depressionen.

Auch in vielen anderen Lebensbereichen (Geld ausgeben, Drogen, Sex) stehen die langfristigen Folgen des Verhaltens nicht selten im krassen Gegensatz zu den kurzfristigen Auswirkungen. Warum ist es dann so schwer zu begreifen, daß Marketingstrategien lange Zeit brauchen, bis sie ihre volle Wirkung entfalten?

Nehmen wir die Programmerweiterung. Kurzfristig gesehen erhöht sich der Absatz nahezu zwangsläufig, wenn Sie Ihre Leistungsbreite erweitern. Die Bierbranche liefert ein klares, anschauliches Beispiel für diesen Effekt. Zu Beginn der siebziger Jahre rollten die Miller High Life-Fässer mit Umsatzsteigerungen von durchschnittlich 27 Prozent im Jahr auf der Schnellspur dahin. Millers Erfolg wurde noch durch die Werbekampagne »Miller-Zeit« angekurbelt; sie zielte auf die Arbeiter ab, die sich nach Feierabend zur Belohnung ein Miller-Bier gönnen sollten.

Dann wurde Miller habgierig und führte 1974 Miller Lite ein. Und mit diesem eigentlich brillanten Konzept schaufelte man sich das eigene Grab.

Kurzfristig kamen die beiden Millers – das Arbeiter-Bier (High Life) und das Yuppie-Bier (Lite) – prächtig miteinander aus. Aber auf lange Sicht mußte die Programmerweiterung das Fundament des einen oder des anderen Produkts untergraben.

Die höchsten Umsätze erreichte Miller High Life 1979, fünf Jahre nach Einführung von Miller Lite. In diesen fünf Jahren konnte Miller sein Jahresumsatzvolumen mit einem Anstieg von 8,6 auf 23,6 Millionen Barrel nahezu verdreifachen. Das war die kurzfristige Wirkung der Programmerweiterung.

Die langfristige Wirkung war bitter. Der Umsatz von Miller High Life fiel von seinem Höchststand im Jahre 1979 (23,6 Millionen Barrel) dreizehn Jahre lang in ungebrochener Folge, bis er 1991 gerade noch die 5,8-Millionen-Barrel-Marke erreichte. Und diese rückläufige Entwicklung wird mit Sicherheit anhalten.

Miller Lite war auch nicht immun gegen die verheerenden Auswirkungen der Programmerweiterung. 1986 führ-

te die Brauerei das Miller Genuine Draft-Bier ein, ein echtes Helles vom Faß. Die Marke zog, weil sie als erste in einer neuen Produktkategorie an den Start ging. Leider trug auch dieser Sprößling den Namen Miller. (Siehe nächstes Kapitel: Halten Sie Ihr Programm schlank!)
Die Geschichte wiederholt sich. Fünf Jahre später erreichte Miller Lite den Umsatzgipfel und setzte danach zu einer rasanten Talfahrt an. Sobald der Abstieg beginnt, ist er kaum mehr aufzuhalten.
Wenn Sie nicht genau wissen, worauf Sie achten müssen, sind die Auswirkungen einer Programmerweiterung nur schwer auszumachen, vor allem von Führungskräften, die ihren Blick stur auf ihren nächsten Quartalsbericht richten. (Wenn eine Kugel fünf Jahre brauchen würde, um ihr Ziel zu erreichen, könnte man nur sehr wenige Verbrecher wegen Mord verurteilen.)
Das gleiche Schicksal ereilte Michelob. Drei Jahre nach Einführung des Michelob Light erreichte das reguläre Michelob-Bier seine Umsatzspitze, um im Anschluß elf Jahre hintereinander rückläufige Zahlen zu schreiben. Heute werden von allen vier Geschmacksrichtungen zusammen (reguläres, Light-Bier, Lagerbier und klassisches dunkles Bier) 25 Prozent weniger Barrels verkauft als das angestammte Michelob-Bier 1978 schaffte, in dem Jahr, als das Light-Bier auf den Markt kam.
Der Brauerei Coors erging es genauso. Die Einführung des Coors Light verursachte den Zusammenbruch des regulären Coors-Biers, das heute nur noch mit einem Viertel des früheren Umsatzes aufwarten kann.
Selbst der König muß um seinen Thron fürchten. Nach einer langen Periode der Jahresumsatzerhöhungen, die sich bis zum Ende der Prohibition in Amerika zurückdatieren lassen, ist es mit den Budweiser-Umsätzen in den

letzen drei Jahren stetig bergab gegangen. Der Grund? Das Bud Light-Bier.

Jetzt vermuten Sie vielleicht, daß Miller, Coors und Anheuser-Busch gar nichts anderes übrigblieb, als ihr Programm zu erweitern, weil das Light-Bier den Markt übernommen hat. Wenn man glaubt, was in den Zeitungen geschrieben steht, dann könnte man meinen, daß jeder nur noch Light-Bier trinkt. Falsch. Heute, achtzehn Jahre nach Einführung des Miller Lite, hält das Light-Bier in Amerika gerade eben 31 Prozent des gesamten Biermarktes.

In anderen Bereichen machen sich die langfristigen Auswirkungen der Programmerweiterung wesentlich schneller bemerkbar. Coca-Cola-Bekleidung wurde 1985 von Murjani eingeführt. Zwei Jahre später erreichte das Großhandelsvolumen die 250-Millionen-Dollar-Marke. Im darauffolgenden Jahr versiegte diese Umsatzquelle buchstäblich über Nacht und bürdete Murjani einen Lagerbestand im Wert von mehreren Millionen Dollar auf.

Was Coca-Cola passierte, widerfuhr auch Donald Trump. Am Anfang war »The Donald« supererfolgreich, eine geheiligte Institution. Dann verzweigte er sein Firmennetz und hängte allem sein Namensschild an, wofür die Banken ihm Geld zu geben bereit waren. Was ist ein Trump? Ein Hotel, drei Spielkasinos, zwei Häuser mit Eigentumswohnungen, eine Fluggesellschaft und ein Einkaufszentrum.

Die Zeitschrift *Fortune* erklärte, Trump sei »ein Investor mit scharfem Blick für Cash-flow und Anlagewerte, ein smarter Unternehmer, ein schlauer Fuchs mit sehr eigenmächtigen Methoden.« *Time* und *Newsweek* schmückten ihre Titelseiten mit dem Konterfei von »The Donald«.

Heute steht Trump mit 1,4 Milliarden Dollar in der Kreide. Was ihn kurzfristig so erfolgreich machte war genau das, was ihn auf lange Sicht zu Fall brachte: Programmerweiterungen.

Marketing scheint auf den ersten Blick ein Kinderspiel zu sein, aber Amateure sind hier absolut fehl am Platz.

Das 12. Gebot im Marketing:

Halten Sie ihr Programm schlank!

Der Drang, Kapital aus einem Markennamen zu schlagen, ist nahezu unwiderstehlich.

Wenn es strafbar wäre, gegen eines der von uns beschriebenen Gebote zu verstoßen, dann säße ein großer Teil der amerikanischen Unternehmer im Gefängnis.

Das in unserem Buch genannte Gebot, gegen das am häufigsten verstoßen wird, ist das 12. Gebot im Marketing. Noch teuflischer ist die Tatsache, daß es sich hier um einen Prozeß handelt, der im Unternehmen fast ununterbrochen und ohne bewußte Anstrengung stattfindet. Ähnlich verhält es sich mit einem Schrank oder einer Schreibtischschublade, die sich auch ganz unmerklich füllen, ohne daß Sie sich besondere Mühe geben.

An einem Tag konzentriert sich ein Unternehmen eisern auf ein einzelnes Produkt, das hohe Gewinne abwirft. Am nächsten Tag macht es die ersten Gehversuche in vielen Produktbereichen und fällt finanziell auf die Nase.

Nehmen wir IBM. Vor Jahren war der Konzern auf Großrechner fixiert und schaufelte tonnenweise Geld. Heute mischt IBM überall mit und kann mit knapper Not die eigenen Kosten decken. 1991 erzielte IBM beispielsweise Umsatzerlöse in Höhe von 65 Milliarden Dollar. Heute

belaufen sich die Verluste auf 2,8 Milliarden Dollar. Das sind annähernd 8 Millionen pro Tag.
Außer Großrechnern bringt IBM PCs, Notepads, Workstations, Rechner mit mittlerer Datentechnik (MDT), Software, Netzwerke, Telefone, was immer Sie wollen, auf den Markt. Der Konzern hat sogar versucht, mit dem PCjr im Heimcomputer-Markt Fuß zu fassen.
Auf diesem Weg hat IBM Millionen verloren, z. B. bei Kopiergeräten (an Kodak verkauft), Rolm (an Siemens veräußert), Satellite Business Systems (dichtgemacht), das Prodigy-Netzwerk (vor sich hinkränkelnd), SAA, Topview, OfficeVision und OS/2.
Wenn ein Unternehmen unglaubliche Erfolge erringt, legt es unweigerlich die Saat für seine künftigen Probleme aus. Nehmen wir Microsoft, die erfolgreichste Firma in der Software-Sparte. Falls ein Unternehmen jemals etwas absolut fest im Griff hat, dann ist es Microsoft. (Obwohl es mit nur einem Fünftel der Größe von General Motors aufwarten kann, sind die Microsoft-Aktien mehr wert als die von GM.)
Wie sieht die Strategie von Microsoft aus? In einem Wort zusammengefaßt: mehr. »Microsoft Corp. erklärte, man strebe entschlossen die marktbeherrschende Stellung in jedem bedeutenden Software-Anwendungsbereich in der PC-Sparte an«, meldete das *Wall Street Journal* kürzlich. »Michael Maples, Senior Vice President der Applikationsentwicklung von Microsoft, ließ verlauten, daß Microsoft möglicherweise in der Lage sei, einen Marktanteil von 70 Prozent in jeder wichtigen Anwendungskategorie zu erzielen«, hieß es in der Zeitschrift weiter.
An wen erinnert das? Klingt ganz wie IBM. Microsoft positioniert sich als IBM-Nachfolger, mit allen nachteiligen Konsequenzen, die sich daraus ableiten lassen.

Microsoft ist der Marktführer im Bereich der PC-Betriebssysteme, aber hinkt den Erstplazierten in den folgenden wichtigen Produktkategorien hinterher: bei Spreadsheets (Lotus ist die Nummer Eins), Textverarbeitung (WordPerfect ist die Nummer Eins) und bei Graphikprogrammen im Geschäftsbereich (Harvard Graphics von der SPC Software Publishing ist die Nummer Eins.)
Microsoft bläht sich kontinuierlich weiter auf, indem es in neue Marktbereiche vorstößt, beispielsweise Notepads. Unlängst kaufte der Konzern Fox Software Inc. zum Preis von 170 Millionen Dollar auf, um sich ein Standbein im Database-Software-Feld zu verschaffen. Wetten, daß der Name bald in Microsoft umgeändert wird?
Es gibt verhängnisvolle Anzeichen für Schwachstellen in Microsofts Strategie. *The Economist* berichtete Anfang 1992: »Mr. Gates stellt derzeit eine Produktpalette zusammen, die auf einer gemeinsamen Technologie beruht. Sie wird buchstäblich in allen Sparten, quer durch die gesamte Software-Industrie, den Wettbewerb antreten: von den großen Rechnern bis hin zu den kleinen und von Betriebssystemen bis hin zu Graphikprogrammen für Führungskräfte. Niemand in der Software-Branche hat bisher ein Projekt von solcher Vielschichtigkeit in den Griff bekommen – obwohl IMB es versucht hat ... und gescheitert ist.«
Wenn Sie versuchen, auf allen Hochzeiten zu tanzen, ist der Ärger geradezu vorprogrammiert. »Ich bin lieber in einem Bereich stark, als in allen schwach«, sagte ein Manager.
Im engen Sinn des Wortes bedeutet Programmerweiterung, daß Sie den Markennamen eines erfolgreichen Pro-

dukts (z. B. A-1 Steaksauce) nehmen und dieses Etikett einem neuen Produkt anhängen (A-1 Geflügelsauce), das Sie einzuführen planen.
Das klingt logisch. »Wir haben A-1 zu einer phantastischen Sauce gemacht, die sich einen Löwenanteil des Steakgeschäfts schnappt. Aber die Leute steigen immer mehr von Rindfleisch auf Huhn um; also laßt uns ein Geflügelprodukt auf den Markt bringen. Und welcher Name hätte mehr Zugkraft als A-1? Auf diese Weise wissen die Verbraucher, daß die Geflügelsauce vom Hersteller der phantastischen Steaksauce, A-1, stammt.«
Aber Marketing ist ein Kampf der Wahrnehmungen und nicht der Produkte. Im Kopf der Verbraucher ist A-1 nicht der Markenname, sondern die Steaksauce selbst. »Gibst du mir mal bitte die A-1?« fragen die Leute beim Essen. Niemand erwidert: »A-1 was?«
Trotz des 18 Millionen Dollar schweren Werbeetats war die A-1-Geflügelsauce ein Reinfall.
Es gibt genausoviele Möglichkeiten, ein Sortiment zu erweitern, wie es Galaxien im Universum gibt. Und jeden Tag werden neue erfunden. Auf lange Sicht und in Anbetracht des Wettbewerbs führen Programmerweiterungen fast nie zum Erfolg.
Die Einführung neuer Geschmacksrichtungen ist ein beliebter Schachzug, um Marktanteile an Land zu ziehen. Mehr Geschmacksrichtungen = mehr Marktanteile. Klingt gut, aber die Rechnung geht nicht auf.
1978, als 7-Up schlicht ein Zitronen-und-Limonen-Getränk war, konnte es einen Anteil von 5,7 Prozent am Soft-Drink-Markt verbuchen. Dann rundete 7-Up sein Sortiment mit 7-Up Gold, Cherry 7-Up und verschiedenen Diät-Versionen ab. Heute hat 7-Up einen Marktanteil von 2,5 Prozent.

Überall finden Sie Programmerweiterungen, wohin Sie auch blicken; das ist einer der Gründe, warum die Regale in den Geschäften aus allen Nähten platzen. (Es gibt in den USA 1300 Shampoo-Marken, 200 Getreideflocken-Marken und 250 Soft-Drink-Marken.)

Marktführend in jeder Kategorie ist ausnahmslos das Unternehmen, das seine Produktlinie nicht erweitert hat. Nehmen wir beispielsweise Babynahrung. Gerber hält 72 Prozent des amerikanischen Marktes und schlägt damit Beech-Nut und Heinz, die beiden Firmen, die ihre Angebotspalette arrondiert haben, um Längen.

Obwohl alle Indizien darauf hinweisen, daß die Programmerweiterung nicht funktioniert, fahren die Unternehmen unbeirrt fort, diese Strategie auszuschöpfen. Hier einige Beispiele:

Marlboro Zigaretten .... Marlboro Design?
Vogue .... Männer Vogue?
Mercedes .... Mercedes Card?
Chanel .... Chanel für den Mann?
Porsche................... Porsche Brillen?
Camel Zigaretten .... Camel Boots?
Heinz Ketchup .... Heinz Babynahrung?
USA Today .... USA Today im Fernsehen?
Adidas Laufschuhe........ Adidas Eau de Cologne?
Pierre Cardin Bekleidung .. Pierre Cardin Wein?
Levi's Bluejeans .... Levi's Schuhe.

Colgate-Palmolive: »Wir wollen die Hebelwirkung unserer Kernmarken nutzen und unsere Markennamen ins Feld schicken, um in neue Kategorien vorzustoßen.« Ed Fogarty, President.

Campbell Soup Company: »Die Hebelwirkung nutzen

und das Programm mit qualitativ hochwertigen Produkten erweitern, die aufgrund des Markennamens Wiederholungskäufe garantieren, ist immer besser, als einen neuen Namen einführen.« David W. Johnson, CEO.
Del Monte: »Wir haben uns dem Konzept des einzigen Markennamens verschrieben. Wir werden den Namen Del Monte weiterhin auf neue Bereiche ausdehnen.« Ewan MacDonald, President.
Ultra Slim-Fast: »Es wird Suppen, Teigwaren, Salatdressings, Mineralwasser, Fruchtsäfte und ein neues, dickflüssigeres Diätgetränk namens Ultra Slim-Fast Plus geben.« Daniel Abraham, Chairman.
Warum glaubt das Topmanagement so unbeirrt an den Erfolg der Programmerweiterung, obwohl überwältigende Beweise für das Gegenteil sprechen? Ein Grund ist, daß diese Strategie zwar langfristig scheitern muß, kurzfristig jedoch Gewinn bringen kann. (Kapitel 11: Denken Sie langfristig!)
Außerdem läßt sich das Management oft durch sein Loyalitätsgefühl gegenüber dem Unternehmen oder der Marke blenden. Warum sonst hätte PepsiCo das Crystal Pepsi-Getränk einführen sollen, nachdem schon Pepsi Light und Pepsi AM Flops waren?
Mehr ist weniger. Je mehr Produkte eine Firma herstellt, je mehr Märkte sie bearbeitet und je mehr Bündnisse sie schließt, desto weniger Geld verdient sie. »Volldampf voraus in alle Richtungen« scheint es von der Kommandobrücke der Unternehmen zu schallen. Wann werden sie lernen, daß sie mit einer Programmerweiterung letztlich im Nebel der Vergessenheit landen?
Weniger ist mehr. Wenn Sie heute erfolgreich sein wollen, müssen Sie Ihren Aktionsradius einschränken, um sich eine starke Position im Kopf des Käufers aufzubauen.

Wofür steht IBM? Früher war das einmal ein Synonym für »Großrechner«. Heute steht der Name für alles mögliche, was nur eine andere Art ist, zu sagen, daß IBM hinter nichts steht.
Warum steckt Sears Roebuck in Schwierigkeiten? Weil die Kaufhauskette nichts anbrennen lassen wollte und versuchte, allen Kunden alles zu sein. Sears war eine große Nummer bei den langlebigen Konsumgütern; also stieg man auch ins Geschäft mit kurzlebigen Konsumgütern und danach ins Modegeschäft ein. Die Kette spannte sogar ein Zugpferd wie Cheryl Tiegs vor den Werbekarren. (Kaufen Topmodels ihre Miniröcke tatsächlich bei Sears?)
Vom konventionellen Standpunkt betrachtet besteht eine Unternehmensstrategie für gewöhnlich darin, eine »allumfassende Vision« zu entwickeln. Mit anderen Worten: Welches Konzept oder welche Idee ist breitgefächert genug, um sämtliche Produkte und Dienstleistungen eines Unternehmens, die sich heute auf dem Markt befinden und für die Zukunft geplant sind, unter einem Dach zu vereinen?
Vom konventionellen Standpunkt aus betrachtet ist die Strategie ein Zelt. Ein Zelt, das groß genug sein muß, damit alle Dinge hineinpassen, die Sie möglicherweise ins Auge gefaßt haben.
IBM hat ein riesiges Computer-Zelt aufgeschlagen. Im Rechnerbereich wird es – gleich, ob heute oder in Zukunft – nichts geben, was außerhalb des IBM-Zelts stattfindet. Das ist ein todsicheres Rezept für eine Katastrophe. Im Zuge des Ansturms neuer Unternehmen, neuer Produkte und neuer Ideen im Computer-Feld wird IBM hinweggefegt werden. Ein Markt, der so schnell wächst wie der Computermarkt, läßt sich nicht verteidigen,

selbst wenn Sie ein finanzielles Bollwerk wie IBM im Hintergrund haben. Aus der strategischen Perspektive betrachtet müssen Sie wählerischer sein und sich das Areal sorgfältig aussuchen, auf dem Sie Ihr Zelt aufstellen.

Strategisch gesehen sitzt General Motors im selben Boot wie IBM. GM steigt in alles und jedes ein, was Räder hat. Limousinen, Sportwagen, preiswerte Autos, teure Autos, LKWs, Minivans, ja sogar Elektroautos. Wie lautet also GMs Unternehmensstrategie? Gleichgültig, was sich auf der Straße oder im Gelände bewegt, wir jagen hinterher.

Für viele Unternehmen ist die Programmerweiterung eine Patentlösung ihrer Probleme. Um ein brandneues Produkt einzuführen, braucht man nicht nur Geld, sondern auch eine Idee oder ein Konzept. Damit die neue Marke Erfolg hat, sollte sie die erste in einer neuen Produktkategorie sein. Oder sie sollte als Alternative zur führenden Marke positioniert werden.

Unternehmen, die warten, bis sich ein neuer Markt entwikkelt hat, stellen oft fest, daß diese beiden Führungspositionen bereits besetzt sind. Also greifen sie auf die althergebrachte, bewährte Methode der Programmerweiterung zurück.

Das Gegenmittel, das angesichts des schleichenden Gifts der Programmerweiterung verabreicht werden muß, ist unternehmerischer Mut, leider eine Mangelware.

Das 13. Gebot im Marketing:

Laufen Sie nicht jedem und allem hinterher!

Sie müssen etwas aufgeben,
um etwas dazu zu bekommen.

Wenn Sie heute Erfolg haben wollen, sollten Sie sich von etwas trennen können. Es gibt drei Dinge, die Sie wohl oder übel opfern müssen:

Das erste ist die »Programmerweiterung«. Wo steht geschrieben, daß Sie mehr verkaufen, wenn Sie mehr zu verkaufen haben?

Das Vollsortiment ist ein Luxus, den sich nur Verlierer leisten. Wenn Sie erfolgreich sein wollen, müssen Sie Ihr Programm einschränken und nicht erweitern. Laufen Sie nicht jeder Idee und jedem Kunden hinterher!

Ein Beispiel ist Emery Air Freight. Emery war früher mal in der Luftfracht-Dienstleistungsbranche tätig. Alles, was man befördert haben wollte, konnte man mit Emery auf den Weg bringen. Kleine Päckchen, große Pakete, mit Overnightservice oder Lieferung zu einem bestimmten Termin.

Was machte Federal Express, vom Marketingstandpunkt aus betrachtet? Das Unternehmen konzentrierte sich auf eine spezielle Dienstleistung: Overnight-Zustellung kleiner Päckchen, also blitzschnell über Nacht. Heute ist Federal Express um einiges größer als Emery.

Der Vorteil des Verzichts liegt in der Tatsache, daß Federal es verstand, das Wort »Overnight« in den Köpfen der Kunden zu verankern. Wenn etwas bombensicher und unwiderruflich über Nacht ausgeliefert werden soll, rufen Sie Federal an.
Was machte Federal Express dann? Das gleiche wie Emery. Das Unternehmen schrieb seine über Nacht errungene Position in den Wind, als es die Luftfrachtlinie Flying Tiger von Tiger International für 880 Millionen Dollar kaufte. Heute ist Federal Express eine weltweit operierende Luftfrachtgesellschaft ohne weltweit standfeste Position. In nur 21 Monaten schaffte es Federal Express, mit seinen internationalen Geschäften Verluste von 1,1 Milliarden Dollar zu machen.
Marketing ist ein Spiel der mentalen Kriegsführung. Ein Kampf der Wahrnehmungen und darauf basierenden Einstellungen, nicht der Produkte oder Dienstleistungen. In den Köpfen der Kunden ist Federal Express eine »Overnight«-Service-Firma. Sie kann ein Besitzrecht auf die »über Nacht«-Position geltend machen. Als der Markt eine weltweite Dimension annahm, sah sich Federal Express einem Marketing-Dilemma gegenüber, wie es im Lehrbuch steht: Sollen wir nun versuchen, unseren auf den heimischen Märkten bekannten Namen aufs internationale Spielfeld in die Schlacht zu führen? Oder sollen wir weltweit einen neuen Namen einführen? Darüber hinaus stellte sich die Frage, wie man mit DHL fertigwerden sollte, demjenigen Unternehmen, das sich als erstes einen Platz auf der internationalen Bühne erobert hatte. Es ist schon schlimm genug, daß Federal Express die »Overnight«-Idee aufgegeben hat. Noch schlimmer ist gleichwohl die Tatsache, daß dieses Konzept nicht durch eine neues ersetzt wurde.

Eveready war lange in der Batterie-Sparte führend. Doch dann erschienen neue Technologien auf dem Spielplan ... wie in den meisten Branchen der Fall.
Die erste Technologie, die das Batteriegeschäft grundlegend verändern sollte, war die Hochleistungsbatterie. Wie würden Sie Ihre Hochleistungsbatterie nennen, wenn Sie die Nummer Eins im Batterienbereich wären? Vermutlich die Eveready »Allzeit bereit«-Batterie, und genau das machte Eveready.
Danach kam die Alkali-Batterie auf den Markt. Wieder nannte Eveready sein Produkt Eveready Alkalibatterie. Das scheint sinnvoll zu sein.
Dann führte P. R. Mallory eine Alkali-Batterielinie »pur« ein. Außerdem gab das Unternehmen seinem Produkt einen besseren Namen: Duracell.
Und Duracell schaffte es, die Idee von der »Batterie mit langer Lebensdauer« in den Köpfen der Käufer zu verankern. Die Duracell hält zweimal so lange wie die Eveready, hieß es in der Werbung.
Die Firma Eveready sah sich gezwungen, den Namen ihrer Alkali-Batterie in Energizer zu ändern. Aber es war zu spät. Duracell lag im Batteriemarkt bereits in Führung.
Die Geschäftswelt wird bevölkert von den großen, hochgradig diversifizierten Generalisten, und den kleinen, auf ein eng gestecktes Ziel konzentrierten Spezialisten.
Wenn Programmerweiterung und Diversifikation wirksame Marketingstrategien wären, könnte man erwarten, daß die Generalisten auf der Erfolgswelle ganz oben schwimmen. Falsch geraten. Die meisten müssen kämpfen, um den Kopf über Wasser zu behalten.
Der Generalist ist schwach. Nehmen Sie beispielsweise die Firma Kraft. Jeder glaubt, Kraft wäre ein Markenname mit Zugkraft.

Im Gelee- und Konfitürenmarkt hält Kraft einen Anteil von 9 Prozent. Smuckers hat es auf 35 Prozent gebracht. Der Name Kraft steht für alles mögliche. Wenn jemand Smuckers sagt, kann nur von Gelee oder Konfitüre die Rede sein, weil das alles ist, was die Firma herstellt.
Bei Mayonnaise hat Kraft 18 Prozent des Marktes und Hellman's 42 Prozent.
Krafts führende Marke im Hinblick auf den Marktanteil heißt nicht Kraft, sondern Philadelphia. Der cremige Philadelphia konnte in den USA 70 Prozent des Frischkäsemarktes erobern.
Nehmen Sie den Einzelhandel. Welche Einzelhändler befinden sich heute in Schwierigkeiten? Die Kaufhäuser. Was ist ein Kaufhaus? Ein Ort, an dem buchstäblich alles verkauft wird. Bei diesem Konzept ist die Katastrophe geradezu vorprogrammiert. Campeau, L. J. Hooker und Gimbels landeten ausnahmslos vor dem Konkursgericht. Die Kaufhauskette Ames meldete Konkurs an. Die Kaufhauskette Hills meldete Konkurs an. Und Macy's, das größte Kaufhaus der Welt, meldete Konkurs an.
Die Interstate-Warenhauskette stand ebenfalls vor der Pleite. Also warf man einen Blick in die Geschäftsbücher und entschied, sich auf das einzige Produkt zu konzentrieren, mit dem man Geld verdiente: Spielzeug.
Man beschloß, den Namen Interstate in Toys »Я« Us umzuändern, solange der Schwerpunkt des Unternehmens auf der Herstellung von Spielzeug liegen sollte. Heute fließen Toys »Я« Us 20 Prozent der Geschäfte zu, die der Spielzeug-Einzelhandel in den USA tätigt. Und sehr gewinnträchtige obendrein. Im letzten Jahr strich Toys »Я« Us einen Gewinn von 326 Millionen Dollar bei einem Umsatz von 5,5 Milliarden Dollar ein.
Zahlreiche Einzelhandelsketten haben inzwischen eine

erfolgreiche Umstrukturierung nach dem Muster der Toys »Я« Us-Formel eingeleitet: ein eng begrenzter Aktionsradius mit tiefem Programm. Staples und Blockbuster Video sind zwei Beispiele aus jüngerer Zeit.
Im Einzelhandelsbereich generell stehen die Spezialisten auf der höchsten Stufe der Erfolgsleiter:

- The Limited – Bekleidung der oberen Preisklasse für die berufstätige Frau;
- The Body Shop – Kosmetik aus natürlichen Substanzen;
- Benetton – Woll- und Baumwollbekleidung für junge Leute;
- Victoria's Secret – Sexy Unterwäsche;
- Foot Locker – Sportschuhe;
- Banana Republic – Kleidung im Safari-Stil.

Wenn eine Bekleidungskette mit einem Namen wie Banana Republic Erfolge einheimsen kann, dann wissen Sie, daß wir im Zeitalter der Spezialisten leben.
Das zweite, was es zu opfern gilt, ist der Gesamtmarkt. Wo steht geschrieben, daß Sie für einfach alle reizvoll sein müssen?
Nehmen Sie die Cola-Getränke-Sparte. Coca-Cola hat sich als erstes Unternehmen in die Köpfe der Käufer katapultiert und sich hier eine starke Position geschaffen. Gegen Ende der fünfziger Jahre erzielte Coke einen fünfmal höheren Umsatz als Pepsi.
Was konnte Pepsi-Cola unternehmen, um die Coke-Bastion zu stürmen?
Zu Beginn der sechziger Jahre hatte Pepsi-Cola dann endlich eine Strategie entwickelt, die auf dem Konzept, nicht jedem hinterher zu laufen, basierte. Der Konzern

opferte alles, was er besaß, bis auf den Teenager-Markt. Und dann schöpfte er diesen Markt auf geniale Weise aus, indem er dessen Kultfiguren vor den Werbekarren spannte: Popidole wie Michael Jackson, Lionel Richie und Don Johnson.

In nur einer Generation ist es Pepsi gelungen, zum Erstplazierten aufzuschließen; heute liegt das Unternehmen nur 10 Prozent hinter Coca-Cola zurück, gemessen am Gesamtumsatz, der in den USA mit sämtlichen colahaltigen Getränken erzielt wird. (In den Supermärkten wird sogar mehr Pepsi-Cola als Coca-Cola verkauft.)

Trotz des Erfolgs stand Pepsi-Cola immer unter dem Druck, sein Zelt zu vergrößern. Unlängst gab der Konzern der Versuchung nach.

Advertising Age berichtete: »Pepsi-Cola Co. ist der Pepsi-Generation entwachsen. Mittels einer weitläufigen Verlagerung der Marketingaktivitäten wird man das Flaggschiff Pepsi als Soft Drink für die breite Masse positionieren.« Pepsis neues Motto lautet: »Gotta have it«. In der Werbung tauchen ältere Leute wie Yogi Berra und Regis Philbin auf, die Pepsi trinken.

»Der einzige Haken an der früheren Pepsi-Werbung war, daß man sich zu sehr auf die Jugend konzentrierte«, sagt Phil Dusenberry von Pepsis Agentur BBDO. »Wir wären imstande gewesen, größere Gewinne zu erzielen, wenn wir unseren Horizont erweitert hätten, um ein weitläufigeres Netz auszuwerfen und mehr Leute an Land zu ziehen.«

Laut *Fortune* ist Coca-Cola das mächtigste Warenzeichen der Welt. Was veranlaßt ein Unternehmen wie Pepsi-Cola, das früher unter »ferner liefen« am Wettbewerb teilnahm und dann eine Strategie entwickelte, die es auf Tuchfühlung an den Marktführer heranbrachte, seine höchst wirkungsvolle Strategie zu ändern?

Das ist wirklich die große Frage. Es scheint die Überzeugung vorzuherrschen – die schon fast einem religiösen Dogma ähnelt –, daß man mit einem weiter gespannten Netz mehr Kunden fängt, obwohl viele Beispiele für das Gegenteil sprechen.
Zum Beispiel Budweiser: »Als wir uns daran gemacht haben, einen Plan für Budweiser zu erarbeiten, mußten wir alle potentiellen Käufer über 21 abdecken, gleich ob männlich, weiblich, schwarz oder weiß«, sagte August Busch IV. »Das ist Amerikas Bier, und wir müssen mit Programmen in allen Marketingbereichen, quer durch die ganze Palette, aufwarten können.«
Betrachten wir die Zigarettenwerbung, vor allem die Werbeanzeigen älteren Datums. Sie zeigen ausnahmslos einen Mann *und* eine Frau. Warum? In einem Zeitalter, in dem die meisten Raucher Männer waren, waren die Zigarettenhersteller bestrebt, ihren Markt zu erweitern – nach dem Motto: Die Jungs sind uns sicher. Pirschen wir uns an die Mädels ran.
Was machte Philip Morris? Das Unternehmen konzentrierte sich ausschließlich auf Männer. Und dann rückte man einen bestimmten Mann in den Brennpunkt, den Traummann aller Männer: den Cowboy. Die Marke wurde Marlboro genannt.
Heute ist Marlboro die umsatzstärkste Zigarettenmarke der Welt. In der amerikanischen Männerwelt hält Marlboro die Spitze. Sie hat sich auch den ersten Platz bei den Frauen erobert.
Das Ziel, das Sie anvisieren, ist nicht der Markt. Das heißt, die augenscheinliche Zielgruppe, die Sie mit ihrem Marketingprogramm anpeilen, ist nicht dieselbe Personengruppe, die Ihr Produkt wirklich kaufen wird.
Obwohl Pepsi-Cola die Teenager aufs Korn nahm, war

der Markt jedermann. Zum Beispiel wird auch ein Mann in den besten Jahren, der gerne noch mal zwanzig wäre, Pepsi trinken.
Die Zielgruppe der Marlboro-Werbung ist der Inbegriff des Männlichen, der Cowboy – aber der Markt ist jedermann. Wissen Sie, wieviele Cowboys in Amerika noch übriggeblieben sind? Nur eine Handvoll. Sie haben alle Marlboro geraucht.
Das dritte Opfer, das ihnen abverlangt wird, ist der Verzicht auf »ständige Veränderung«. Wo steht geschrieben, daß Sie Ihre Strategie jedes Jahr, wenn die Stunde der Budgetüberprüfung gekommen ist, kippen müssen?
Wenn Sie versuchen, den Windungen und Kurven des Marktes zu folgen, landen Sie zwangsläufig im Abseits. Der beste Weg, Ihre Position stabil zu halten, besteht darin, sie gar nicht erst zu verändern.
People Express ging mit einer glänzenden, »eng gesteckten« Position an den Start. Sie war die Fluggesellschaft ohne Kinkerlitzchen, die Städte ohne Kinkerlitzchen zu Preisen ohne Kinkerlitzchen anflog.
Die Passagiere gingen an Bord einer People Express-Maschine und fragten: »Wohin fliegen wir eigentlich?« Es war ihnen egal, solange es nur billig war.
Was machte People Express, nachdem es sich in die Höhen des Erfolgs aufgeschwungen hatte? Die Gesellschaft bemühte sich, nichts anbrennen zu lassen und es allen recht zu machen. Sie investierte in eine neue Ausrüstung, wie die Boeing-747er-Flotte. Sie begann, die stark frequentierten Routen anzufliegen, beispielsweise Orte wie Chicago und Denver, ganz zu schweigen von Europa. Sie kaufte Frontier Airlines dazu. Sie nahm Kinkerlitzchen in ihr Programm auf, beispielsweise die Erste Klasse. People Express verlor an Höhe und entging dem

Zugriff des Konkursverwalters nur durch die »Ehe« mit Texas Air, die diese Bauchlandung vor Gericht dann für People Express besorgte.

White Castle hat im Gegensatz dazu seine Positionierung nie geändert. Ein White Castle-Produkt sieht heute noch genauso wie vor sechzig Jahren aus, und die Firma verkauft ihre »gefrorenen Kufen« auch noch zu denselben, unglaublich niedrigen Preisen.

Würden Sie glauben, daß jedes White Castle-Geschäft im Schnitt Umsatzerlöse von mehr als einer Million Dollar im Jahr erzielt? (Das ist mehr als Burger King vorweisen kann, und damit liegt das Unternehmen nicht weit hinter McDonald's zurück.)

Es zahlt sich aus, nicht jedem und allem hinterher zu laufen.

Das 14. Gebot im Marketing:
Finden Sie ein wichtiges Merkmal!

Für jedes Merkmal gibt es
ein entgegengesetztes Merkmal,
das ebenfalls Wirkung zeitigt.

In Kapitel 6 haben wir darauf hingewiesen, daß Sie nicht dasselbe Schlagwort oder dieselbe Position wie Ihr Konkurrent in Besitz nehmen können.

Sie müssen Ihr eigenes Schlagwort finden. Sie müssen sich ein anderes Attribut aussuchen, mit dem Sie sich schmücken können.

Viele Unternehmen versuchen, dem Marktführer nachzueifern. »Die müssen schließlich wissen, was funktioniert«, lautet der Spruch, mit dem man die Entscheidung logisch zu begründen pflegt. »Also machen wir was Ähnliches.« Kein guter Denkansatz.

Wesentlich besser ist die Suche nach einem entgegengesetzten Merkmal, das Sie gegen den Marktführenden ausspielen können. Das Schlüsselwort ist hier »entgegengesetzt«. »Ähnlich« bringt nichts.

Coca-Cola war das ursprüngliche und somit das Getränk, auf das die Wahl älterer Leute fiel. Pepsi positionierte sich mit Erfolg als die Alternative, für die sich die jüngere Generation entschied.

Da Crest den Begriff »Karies« für sich gepachtet hatte,

vermied man das Wort bei anderen Zahnpasten und sprang auf den Zug von Produktmerkmalen wie Geschmack, weiße Zähne, frischer Atem und in jüngster Zeit Natriumbikarbonat.
Marketing ist ein Kampf der Ideen. Wenn Sie Erfolge erzielen wollen, müssen Sie also eine eigene Idee oder ein nur für Sie charakteristisches Produktmerkmal haben, das im Mittelpunkt Ihrer Marketingbemühungen steht. Andernfalls täten Sie besser daran, den Preis niedrig anzusetzen. Sehr niedrig.
Nicht alle Eigenschaften sind gleich wichtig. Manche sind den Kunden wichtiger als andere. Sie müssen versuchen, das wichtigste Produktmerkmal zu ergattern.
Die Kariesvorbeugung ist die wichtigste Eigenschaft einer Zahnpasta und diejenige, die man unbedingt besitzen sollte. Aber das Gebot, kein Schlagwort zu klauen, weist auf die schlichte Tatsache hin, daß ein Produktmerkmal, welches Ihr Konkurrent erfolgreich ins Feld führen kann, ein für allemal für Sie verloren ist. Sie müssen also Ihre Ansprüche herunterschrauben und lernen, mit einem kleineren Anteil der Produktkategorie zu leben. Ihr Job ist es, sich ein anderes Merkmal herauszugreifen, seinen Wert zu dramatisieren und damit Ihren Marktanteil zu erhöhen.
Vor Jahrzehnten war General Motors am amerikanischen Automarkt führend. Sie konnten Anspruch auf die Attribute »groß« und »bequem« erheben.
Dann führte ein aufstrebender deutscher Autohersteller das Attribut »klein« ein. Das supererfolgreiche Marketingprogramm des Konzerns stellte dieses Merkmal an vorderste Front und in den Mittelpunkt, unterstützt von einer Werbekampagne mit dem Motto: »Think small«. Als die Großen Tiere von General Motors einen Blick auf

den häßlichen kleinen VW-Käfer warfen, brachen sie in schallendes Gelächter aus. Sie waren der Meinung, Amerika wolle sich nicht »kleinkriegen« lassen, sondern lege Wert auf »Größe« und »Komfort«. Und sie hatten haufenweise Forschungsmaterial, um ihre Ansicht zu untermauern.

Nun, ihnen dürfte das Lachen vergangen sein. Als erstes stürmten die Japaner und dann die Deutschen mit ihren Kleinwagen den amerikanischen Markt, und sie sind nicht aufzuhalten. Das Merkmal »klein« ist in der Automobil-Weltordnung eine sehr wichtige Idee.

Eine ähnlich marktbeherrschende Stellung hatte IBM viele Jahre lang in der Computerwelt mit den Produktmerkmalen »groß« und »leistungsstark« inne. Firmen, die versuchten, sich diese Attribute anzueignen, hatten wenig Erfolg. RCA, G. E., Univac, Burroughs, Honeywell, NCR und Control Data verloren mit ihren Großrechnern eine Menge Geld.

Dann strebte ein Aufsteiger aus Boston nach dem Attribut »klein«, und der Minirechner war geboren. In Armonk lachte man sich vermutlich ins Fäustchen, weil man zu wissen glaubte, daß amerikanische Unternehmen auf »groß und leistungsstark« stehen. Heute sind die »Kleinen« gewachsen und haben solche Ausmaße angenommen, daß sich IBMs riesiges Großrechner-Imperium ernsthaften Problemen gegenübersieht.

Ein Unternehmen, das nie über neue Attribute lacht, die im Gegensatz zu seinen derzeitigen Produkten stehen, ist Gillette, die Nummer Eins unter den Rasierklingenherstellern. Seine marktbeherrschende Stellung stützt sich auf Rasiergeräte, die dem neuesten Stand der Hochtechnologie entsprechen, und die dazugehörigen Kartuschensysteme.

Als ein Newcomer aus Frankreich ein entgegengesetztes Merkmal in Form eines Einwegrasierers in die Produktgruppe einführte, hätte Gillette lachen und seine Forschungsgeschütze auffahren können, um zu beweisen, daß Amerika grundsolide, teure und technologiestrotzende Rasiergeräte bevorzugt. Aber das Unternehmen dachte gar nicht daran.
Statt dessen wartete Gillette mit guten Neuigkeiten in Form eines eigenen Einwegrasierers namens Good News auf.
Gillette machte eine Menge Geld locker und war folglich imstande, den Einweg-Kampf für sich zu entscheiden.
Heute beherrscht die Gillette Good News die Wegwerf-Kategorie, die sich wiederum eine marktbeherrschende Position im Rasierklingengeschäft gesichert hat. Die Moral der Geschichte: Sie können die Größe des Marktanteils, den ein neues Produktmerkmal erobert, nicht voraussagen; also sollten Sie sich das Lachen verkneifen.
Burger King ging baden, als der Konzern versuchte, sich McDonald's Attribut »schnell« unter den Nagel zu reißen. Für welche Strategie hätte man sich entscheiden können? Das gegenteilige Produktmerkmal verwenden? Das genaue Gegenteil »langsam« hätte einer Schnellimbiß-Kette nicht besonders gut angestanden, obwohl Burger Kings »Grillkonzept« zweifellos ein gewisses Element der Gemächlichkeit enthält.
Ein einziger Besuch sollte genügen, um eine andere Eigenschaft zu entdecken, auf die McDonald's einen Besitzanspruch erhebt: »Kinder«. Das ist in der Tat der Ort, an den die Sprößlinge ihre Eltern schleppen, und McDonald's hat die Requisiten und den Bogen raus, um es aller Welt zu beweisen. Hier bietet sich eine Riesenchance, die schon im Krieg Coke gegen Pepsi lebhaft deutlich wurde.

Wenn die Kids zu McDonald's gehen, dann hat Burger King die Gelegenheit, sich als Treffpunkt der Älteren zu positionieren. In der Regel stellt sich heraus, daß dazu jeder zählt, der das zehnte Lebensjahr überschritten hat. (Kein schlechter Markt.)

Um das Konzept auf Erfolgskurs zu trimmen, müßte Burger King das Gebot, nicht jedem hinterher zu laufen, heraufbeschwören und sämtliche kleinen Kinder McDonald's überlassen. Das könnte zwar bedeuten, daß man ein paar Requisiten an den Nagel hängen muß, aber Burger King wäre dann imstande, McDonald's das Etikett »Kiddieland« anzuhängen. (Kapitel 9: Seien Sie anders!.)

Um das Konzept in den Köpfen zu verankern, braucht Burger King ein Schlagwort. Und dieses Schlagwort könnte »reif« sein. Reif für den rauchigen Grillgeschmack von Burger King.

Dieses Konzept, das einer Kriegserklärung gleichkäme, würde Angst und Schrecken in den Vorstandsetagen von McDonald's verbreiten – was immer ein gutes Zeichen für ein schlagkräftiges Programm ist.

Das 15. Gebot im Marketing:
Seien Sie aufrichtig!

Wenn Sie ein Minus zugeben,
wird Ihnen der Kunde einen Pluspunkt geben.

Es geht den Unternehmen und der menschlichen Natur gleichermaßen gegen den Strich, ein Problem einzugestehen.
Jahrelang hat man uns die Macht des positiven Denkens eingehämmert. »Positiv denken« war Thema einer schier endlosen Kette von Büchern und Artikeln.
Vielleicht überrascht es Sie daher, daß eine der wirksamsten Möglichkeiten, sich in den Köpfen der Kunden einen festen Platz zu verschaffen, darin besteht, als Erster etwas Negatives zuzugeben und diese Schwäche dann in eine Stärke zu verwandeln.
»Avis ist nur die Nummer Zwei im Mietwagen-Sektor.«
»Mit einem Namen wie Smucker muß man einfach gut sein.«
»Der VW Baujahr 1970 wird auch weiterhin häßlich bleiben.«
»Joy. Das teuerste Parfum der Welt.«
Was spielt sich hier ab? Warum läßt sich mit einem Schuß Ehrlichkeit im Marketingprozeß soviel Erfolg erzielen?
Zuallererst einmal ist Aufrichtigkeit entwaffnend. Jede

negative Erklärung, die Sie über sich selbst abgeben, wird auf Anhieb als Wahrheit akzeptiert. Positive Verlautbarungen betrachtet man dagegen bestenfalls mit skeptischem Blick. Vor allem, wenn es sich bei den positiven Verlautbarungen um Werbeanzeigen handelt.
Die Richtigkeit einer positiven Aussage müssen Sie so zwingend nachweisen, daß der Kunde rundum zufrieden ist. Eine negative Aussage bedarf keiner Bestätigung.
Der VW Baujahr 1970 wird auch weiterhin häßlich bleiben. »Ein so häßliches Auto muß zuverlässig sein«, denkt sich der Käufer.
Joy, das teuerste Parfum der Welt. »Wenn die Leute bereit sind, ein kleines Vermögen für ein winziges Fläschchen hinzublättern, dann muß das Parfum absolut Spitze sein.«
Mit einem Namen wie Smucker muß man einfach gut sein. Die meisten Firmen, vor allem Familienbetriebe, würden nie über ihren eigenen Namen spotten. Genau das machte aber die Familie Smucker, und das ist einer der Gründe, warum sie mit ihren Marmeladen und Gelees zur Nummer Eins avancierte. Wenn Ihr Name nichts taugt, dann bleiben Ihnen zwei Möglichkeiten: ihn ändern oder durch den Kakao ziehen.
Eines sollten Sie allerdings tunlichst unterlassen, nämlich einen unpassenden Namen ignorieren. Was auch einer der Gründe dafür ist, daß man heute keine Biermarken wie Gablinger's, Grolsch und Gresedieck mehr in den Regalen der Supermärkte findet.
Avis ist nur die Nummer Zwei im Mietwagen-Sektor. Warum entscheiden Sie sich also für uns? Wir geben uns mehr Mühe. Jedermann wußte, daß Avis im Mietwagenmarkt die zweite Geige spielte. Also warum nicht das ausspielen, was auf der Hand liegt?

Marketing ist oft eine Suche nach dem Offenkundigen. Da man eine Meinung nicht ändern kann, sobald sie einmal gefaßt ist, sollten Sie Ihre Marketingaktivitäten strikt auf die Nutzung solcher Ideen und Konzepte ausrichten, die bereits im Gehirn gespeichert sind. Ihre Marketingprogramme können eine Waffe sein, die dazu dient, sie unauslöschlich ins Gedächtnis »einzubrennen«. Keinem Unternehmen ist das so unnachahmlich gelungen wie Avis mit der Nummer-Zwei-Strategie.

Das Positive Denken ist viel zu hoch bewertet worden. Die ständige Zunahme der Werbung in unserer Gesellschaft hat bewirkt, daß die Verbraucher in Abwehrstellung gehen und auf der Hut sind vor Unternehmen, die versuchen, ihnen auf Teufel komm raus etwas schmackhaft zu machen. Ein Problem einzugestehen ist dagegen etwas, das nur wenige Firmen machen.

Wenn ein Unternehmen seine Werbebotschaft damit einleitet, daß es ein Problem zugibt, neigen die Verbraucher fast instinktiv dazu, ihre Skepsis zu überwinden und aufgeschlossener zu reagieren. Denken Sie doch mal daran, wie Sie reagieren, wenn jemand mit einem Problem zu Ihnen kommt: Vermutlich sind auch Sie schnell bereit, sich darauf einzulassen und Ihre Hilfe anzubieten. Und vielleicht kennen Sie auch Leute, die ständig erzählen, wie wunderbar sie sind und was für Heldentaten sie in letzter Zeit begangen haben. Das finden Sie wahrscheinlich sehr viel weniger interessant.

Sobald die Leute ihre Sinne geöffnet haben, sind Sie imstande, ihnen etwas Positives, nämlich Ihr Verkaufskonzept, einzutrichtern. Vor einigen Jahren kam Scope mit einem »wohlschmeckenden« Mundwasser auf den Markt und schlachtete damit den wirklich gräßlichen Geschmack des Konkurrenzprodukts Listerine aus.

Wie konnte Listerine nun diesen Hieb parieren? Es wäre mit Sicherheit keine gute Idee gewesen, den Verbrauchern zu erzählen, der Geschmack von Listerine sei »lange nicht so schlimm wie sein Ruf«. Damit hätte man nur auf sich aufmerksam gemacht und die Konsumenten in ihrer negativen Einstellung noch bestärkt. Die Situation wäre vielleicht um einiges schlimmer geworden, als sie ohnehin schon war.

Statt dessen kam man auf die geniale Idee, das 15. Gebot im Marketing anzuwenden: »Der Geschmack, den Sie zweimal täglich hassen.«

Das Unternehmen gab nicht nur zu, daß der Geschmack des Produkts sehr zu wünschen übrigließ, sondern gestand auch freimütig ein, daß die Leute ihn haßten. Und damit ebnete man der Verkaufsidee den Weg, daß Listerine »jede Menge Bakterien abtötet«.

Der Käufer rechnete sich aus, daß alles, was wie ein Desinfektionsmittel schmeckt, wirklich ein Keimkiller sein muß. Die Krise ging vorüber dank einer gehörigen Portion Aufrichtigkeit.

Die Firma General Foods räumte ein, daß ihre Traube-Nuß-Getreideflocken ein »gewöhnungsbedürftiges Vergnügen« seien und riet den Konsumenten, »es eine Woche lang auszuprobieren«. Der Umsatz stieg um 23 Prozent.

Eine letzte Anmerkung: Das Gebot der Aufrichtigkeit sollte umsichtig und mit großem Fingerspitzengefühl in die Praxis umgesetzt werden. Als erstes muß Ihr »Problem« von einer breiten Öffentlichkeit als etwas Negatives akzeptiert werden. Es sollte in den Köpfen Ihrer Kunden auf Anhieb ein zustimmendes Nicken auslösen. Falls dieses negative Merkmal nicht schnell genug »einrastet«, wird Ihr Käufer mit Verwirrung reagieren und sich fragen: »Was soll das ganze überhaupt?«

Als nächstes müssen Sie blitzschnell auf Ihre positive Botschaft umschalten. Der Zweck der Aufrichtigkeitsübung liegt nicht darin, sich zu entschuldigen. Mit Ihrer Freimütigkeit zielen Sie vielmehr darauf ab, einen Vorteil ins Rampenlicht zu rücken, der Ihren Kunden restlos überzeugt.
Dieses Gebot beweist nur mal wieder die Richtigkeit des alten Sprichworts: Ehrlich währt am längsten.

Das 16. Gebot im Marketing:

Entwickeln Sie Ihre ureigene Strategie!

In jeder Situation gibt es nur eine Strategie,
die nachhaltige Ergebnisse zeitigt.

Viele Marketingexperten betrachten den Erfolg als die Summe zahlreicher kleiner Schritte, die ordnungsgemäß ausgeführt wurden.
Sie glauben, sie könnten aus einer Reihe unterschiedlicher Strategien einige beliebige herausgreifen und den Erfolgskurs halten, solange sie nur genug Mühe in ihr Marketingprogramm investieren.
Wenn ihr Unternehmen marktführend ist, streuen die Marketingleute ihre Ressourcen nach dem Gießkannenprinzip über ein ganzes Sammelsurium von Programmen aus. Hier scheint sich die Auffassung durchgesetzt zu haben, es sei am besten, alles mal probiert zu haben.
Wenn ihr Unternehmen nicht die Nummer Eins ist, versuchen sie oft, das gleiche zu tun wie der Marktführer, nur ein bißchen besser. Das erinnert an Saddam Hussein, der gesagt hat: »Wir müssen nur ein bißchen härter kämpfen, um den Krieg zu gewinnen.« Sich mehr Mühe geben ist jedoch nicht das Geheimnis des Marketingerfolgs.
Ob Sie sich abplagen oder den Weg des geringsten Widerstands gehen – die Unterschiede sind kaum der Rede

wert. Dazu kommt: Je größer ein Unternehmen ist, desto unerbittlicher radiert das Gesetz des Durchschnitts jeden echten Vorteil der Mehr-Mühe-Methode aus.
Die Geschichte lehrt uns, daß das einzige, was im Marketing wirklich Erfolg hat, ein einzelner, kühner Streich ist. Darüber hinaus gibt es in jeder x-beliebigen Situation nur einen Schritt, der nachhaltige Ergebnisse zeitigt.
Siegreiche Generäle haben das Schlachtfeld genau studiert und nach eben jenem klugen Schachzug Ausschau gehalten, den der Feind am wenigsten erwartet. Ihn zu finden ist schwierig. Mehr als einen zu finden erweist sich meistens als unmöglich.
Der Militärstratege und Schriftsteller B. H. Liddell Hart bezeichnet diesen kühnen Streich als »die am wenigsten erwartete Taktik«. Die Invasion der Alliierten Streitkräfte erfolgte in der Normandie, ein Landstrich, der nach Ansicht der Deutschen aufgrund des Gezeitenwechsels und der Felsenküste ein unwahrscheinlicher Ort für eine Landung, gleich welchen Umfangs, war.
Genauso ist es im Marketing. In den meisten Fällen gibt es nur eine einzige Stelle, an der die Konkurrenz verwundbar ist. Und auf diese Stelle sollte sich die gesamte Invasionsstreitmacht konzentrieren.
Die Automobilindustrie liefert dafür ein interessantes Beispiel. Jahrelang lag die größte Stärke des Marktführers in der Mitte der »Linie«.
Mit Marken wie Chevrolet, Pontiac, Oldsmobile, Buick und Cadillac konnte General Motors mit Leichtigkeit jeden Frontalangriff von Ford, Chrysler und American Motors abwehren. GMs Vorherrschaft am Markt wurde zur Legende.
Was im Marketing funktioniert ist das gleiche, was im militärischen Bereich Wirkung zeitigt: das Unerwartete.

Hannibal marschierte über die Alpen; er nahm eine Route, die zu bewältigen man damals als unmöglich erachtete.
Ähnlich verhielt es sich mit den zwei Offensiven, die es in jüngerer Zeit gegen GM gab.
Die Japaner brachen in den unteren Bereich des Marktes mit Kleinwagen von Toyota, Datsun und Honda ein. Die Deutschen positionierten sich mit Luxuswagen von Mercedes und BMW in der oberen Qualitäts- und Preisklasse.
Da die Japaner und Deutschen mit ihren Flankenangriffen Erfolg hatten, sah sich General Motors genötigt, starke Geschütze aufzufahren in dem Versuch, den unteren und oberen Abschnitt seiner Produktlinienfront zu unterstützen. (Die Cadillacs waren zu billig, um dem Einmarsch der teuren deutschen Importe Einhalt zu gebieten.)
Bestrebt, Geld einzusparen und die Gewinne konstant zu halten, traf GM die verhängnisvolle Entscheidung, die Karosserien vieler seiner Mittelklassewagen im selben Stil zu bauen. Urplötzlich konnte niemand mehr einen Chevrolet von einem Pontiac oder ein Oldsmobile von einem Buick unterscheiden. Sie ähnelten sich wie ein Ei dem anderen.
Die gleich aussehenden Autos schwächten General Motors Mitte. Sie boten Ford die Gelegenheit, die Linien des Gegners mit den Modellen Taurus und Sable zu durchbrechen, die typisch europäische Design-Merkmale aufwiesen. Und dann stießen die Japaner mit dem Acura, dem Lexus und dem Infiniti nach. Heute ist General Motors an allen Fronten schwach.
Werfen wir einen Blick auf Coke. Coca-Cola führt heute einen Zweifrontenkrieg mit Coca-Cola-Classic und New

Coke. Während das Coke nach klassischem Rezept heute einen großen Teil seiner ursprünglichen Stärke wiedergewonnen hat, kann sich das New Coke kaum mehr auf den Beinen halten.
Die Kette der Werbeslogans für Coca-Cola reißt nicht mehr ab: »We have a taste for you«, »The real choice«, »Red, white and you« oder »Catch the wave«. Und jetzt der Song »You can't beat the real thing«. Keiner schaffte es, wirklich etwas zu erreichen.
Die Coca-Cola-Leute versuchen es weiter. Inzwischen haben sie sogar schon eine Hollywood-Talentagentur angeheuert, die kreative Ideen beisteuern soll.
Es kann jetzt jeden Tag so weit sein, daß die neuen Kreativen in einem Konferenzraum in Atlanta eine neue Reihe von Slogans vorstellen. Das Coca-Cola-Topmanagement wird eine weitere Konferenz abhalten, um über die kreativen Ideen zu diskutieren. Obwohl es theoretisch möglich wäre, auf diese Art die richtigen Ideen zu finden, ist es eine ineffiziente Arbeitsmethode. Coca-Cola will schließlich Fortschritte machen, die mehr sind als eine kurzfristige Umsatzsteigerung durch einen Hauch von Werbung.
Aus unserer Sicht muß Coke nur einen einzigen Schachzug in die Wege leiten, der aus zwei Schritten besteht. Einen Schritt zurück und einen nach vorn.
Als allererstes muß Coca-Cola in den sauren Apfel beißen und das New Coke aus dem Programm streichen. Nicht weil es ein Verlierer oder eine Peinlichkeit ist, sondern weil die bloße Existenz dieses Produkts das Unternehmen daran hindert, die einzige Waffe wirksam einzusetzen, die es hat.
Sobald das New-Coke-Konzept sicher in den Archiven verstaut ist, wäre Coke in der Lage, das Gebot auf ein

Schlagwort zu setzen, anzuwenden, das »Real Thing«-Konzept wiederzubeleben und es gegen Pepsi ins Feld zu führen.

Dann könnte Coca-Cola beispielsweise einen Fernsehspot gegen die Pepsi-Generation abfeuern, der verkündet: »Alles klar, Kinder; wir werden euch nicht drängen; wenn ihr für das einzig Wahre bereit seid, dann könnt ihr es von uns haben.«

Das wäre der Anfang vom Ende der Pepsi-Generation – falls Pepsi-Cola ihr nicht selbst den Todesstoß versetzt.

Diese Idee ist nicht nur einfach und hochgradig wirkungsvoll, sondern tatsächlich der einzige Schachzug, der Coke bleibt. Er macht sich den einzigen Begriff zunutze, den Coke in den Köpfen der Käufer besetzt hat: The Real Thing – das Echte.

Um diese einzigartige Idee oder das Konzept zu finden, muß ein Marketingmanager wissen, was da draußen im Markt vor sich geht. Er muß an vorderster Front stehen und eine Schlammschlacht ausfechten. Er muß wissen, was funktioniert und was zum Scheitern verurteilt ist. Er muß sich mit Leib und Seele dem Kampf verschreiben.

Da Fehler kostspielig sind, kann es sich das Management nicht leisten, wichtige Marketingentscheidungen zu delegieren. Genau diese Erfahrung mußte General Motors machen. Als die Finanzcracks das Ruder übernahmen, brachen die Marketingprogramme zusammen. Sie interessierten sich für Zahlen und nicht für Marken. Es ist wohl eine Ironie des Schicksals, daß die Zahlen gemeinsam mit den Marken den Bach runtergingen.

Es ist schwer, den einzig wahren Schachzug zu finden, wenn man im Elfenbeinturm sitzt und keine Lust hat, sich den Wind des Marketingprozesses um die Ohren wehen zu lassen.

Das 17. Gebot im Marketing:
Glauben Sie keinen Vorhersagen!

Solange Sie Ihrem Konkurrenten
nicht in die Karten schauen können,
sind Sie auch nicht imstande,
die Zukunft vorauszusagen.

Die meisten Marketingpläne enthalten Mutmaßungen über die Zukunft. Und doch sind Marketingpläne, die sich auf künftige Geschehnisse stützen, in der Regel Irrläufer.

Trotz Hunderten von Computern und einer Armee von Meteorologen kann man das Wetter heute nicht einmal für drei Tage mit absoluter Sicherheit voraussagen. Wie können Sie da erwarten, daß Sie imstande wären, drei Jahre im voraus gesicherte Aussagen über Ihren Markt zu treffen?

IBM hatte einen umfassenden Marketingplan entwickelt, um sämtliche PCs an seine Großrechner anzukoppeln. Das Projekt erhielt die klangvolle Bezeichnung OfficeVision. Doch der Plan erwies sich als Schuß in den Ofen, dank der Entwicklung bei Sun Microsystems, Microsoft und anderen Firmen. Man könnte sagen, daß OfficeVision alles voraussah – bis auf die Konkurrenz.

Das Unvermögen, die Reaktion der Konkurrenz vorherzusagen, ist einer der Hauptgründe für Mißerfolge im

Marketing. Als der Südstaaten-General Pickett gefragt wurde, welcher der konföderierten Heerführer für die Niederlage bei Gettysburg verantwortlich sei, antwortete er: »Ich hatte schon immer den Verdacht, daß die Yankees etwas damit zu tun hatten.«

Es gibt Leute, die behaupten, Amerikas größtes Problem bestehe im Mangel an Weitsicht. Das amerikanische Management denke zu kurzfristig. Muß man nicht damit rechnen, daß es noch schlimmer kommen könnte, wenn man alle langfristigen Pläne unter den Teppich kehrt?

Oberflächlich gesehen sind solche Sorgen real und berechtigt. Aber es ist wichtig zu verstehen, was mit dem Begriff langfristig im Gegensatz zu kurzfristig gemeint ist. Die meisten Probleme, vor die sich amerikanische Unternehmen gestellt sehen, haben nichts mit kurzfristigem Denken in puncto Marketing zu tun. Das Problem ist vielmehr das kurzfristige Denken in puncto Finanzen. Die meisten Unternehmen kämpfen sich von einem Quartalsbericht zum nächsten durch. Das ist ein todsicheres Rezept, um Probleme vorzuprogrammieren. Firmen, die für Zahlen leben und für Zahlen sterben. Der berühmt-berüchtigte Harold Geneen von ITT war der Mann, der in jüngster Zeit das beste Beispiel für diesen Denkansatz lieferte. Er trieb seine Manager gnadenlos an und schikanierte sie nach Strich und Faden, um die Gewinne kontinuierlich zu steigern.

Geneens Mühen führten zum Bau eines Kartenhauses, das schließlich einstürzte. Heute ist ITT nur noch ein Schatten dessen, was es einst war. Gut in Buchführung, schlecht im Marketing.

General Motors gedieh prächtig, bis die Finanzgenies das Ruder übernahmen und Zahlen statt Marken in den Brennpunkt der Aufmerksamkeit rückten. Sie sahen tatenlos zu, wie Alfred P. Sloans Plan, in dem klar voneinander abgegrenzte Marken im Mittelpunkt standen, in die Brüche ging. Jeder Bereichsleiter begann, auf die Mitte des Marktes Jagd zu machen, um kurzfristig Zahlen vorweisen zu können.

Eine gute kurzfristige Planung erfordert, daß Sie eben den Wettbewerbsvorteil oder das Schlagwort berücksichtigen, mit dem Sie Ihr Produkt oder Unternehmen positiv von der Konkurrenz abheben können. Dann legen Sie eine zusammenhängende, langfristige Marketing-Marschroute fest; in diesen Rahmen bauen Sie das Programm ein, mit dem Sie Ihre Idee oder Ihren Wettbewerbsvorteil maximieren. Hier geht es nicht um einen langfristigen Plan, sondern um einen langfristigen Kurs.

Tom Monaghans kurzfristiger Wettbewerbsvorteil bestand in der Idee, seine Domino's Pizzen »ins Haus« zu liefern und ein ebenso schnelles wie effizientes Zustellungssystem aus der Taufe zu heben. Sein langfristiges Ziel war der schnellstmögliche Aufbau der ersten landesweiten Pizza-Lieferkette.

Monaghan konnte keinen Anspruch auf das Wort »Hauszustellung« geltend machen, bis er genügend Franchisenehmer aufgetrieben hatte, um sich eine überregionale Werbekampagne zu leisten. Er erreichte beide Ziele, und heute ist Domino's ein 2,65 Milliarden schweres Unternehmen, das 40 Prozent des Pizza-Liefergeschäfts für sich verbuchen kann. Und das alles stellte er ohne einen hochkomplizierten Zehnjahresplan auf die Beine.

Was können Sie also machen? Wie gehen Sie am besten mit den Unwägbarkeiten um, die die Zukunft für uns bereithält? Sie sollten es sich schleunigst aus dem Kopf schlagen, die Kristallkugel zu befragen; aber Sie sind sehr wohl imstande, Entwicklungstendenzen in den Griff zu bekommen, und das ist ein Weg, um Kapital aus Veränderungen zu schlagen.

Ein Beispiel für einen solchen Trend ist die Tatsache, daß die Menschen heute zunehmend gesundheitsbewußter leben. Diese Entwicklung hat einer Reihe neuer Produkte Tür und Tor geöffnet, vor allem Nahrungsmitteln mit höherem Nährwert. Der Erfolg, den die tiefgefrorenen Healthy Choice-Vorspeisen in Amerika erringen konnten, ist ein klares Beispiel dafür, daß der Hersteller diesen langfristigen Trend in Richtung Gesundheit zu nutzen verstand. Außerdem ist Ihnen sicher aufgefallen, daß er damit ein Wort mit Beschlag belegt hat: das Attribut »gesund«. Ein klassisches Beispiel für das Gebot, auf ein Schlagwort zu setzen.

ConAgra führte Healthy Choice im März 1989 ein. Schon Jahre vorher gab es Produkte in Hülle und Fülle auf dem Markt, die wenig Natrium, Fett und Kalorien enthielten. Die gesunden Ideen, auf denen sie beruhten, verbargen sich indessen hinter Namen, die aus einer Programmerweiterung stammten. ConAgra war das erste Unternehmen in den USA, das mit Hilfe eines einfachen Namens und Konzepts einen Trend nutzte, der schon jahrelang im Gange war.

Leider befindet sich ConAgra inzwischen auf dem besten Weg, den roten Faden zu verlieren, weil es sich nicht mehr auf Vorspeisen konzentriert, sondern mit allen nur möglichen Healthy Choice-Produkten sein Sortiment erweitert.

Eine Gefahr, wenn man mit Entwicklungstendenzen arbeitet, ist die Extrapolation. Viele ziehen voreilige Schlußfolgerungen darüber, wie lange der Trend wohl anhalten wird. Wenn man den Prognose-Experten vor ein paar Jahren Glauben geschenkt hätte, dann müßte heute jeder nur noch gegrillten Fisch und Hähnchen verspeisen, die über Holzkohle mit Kräuterzusatz geröstet wurden. Genauso unheilvoll wie die näherungsweise Bestimmung eines Trends ist die weitverbreitete Annahme, die Zukunft sei ein Abklatsch der Gegenwart. Wenn Sie der Ansicht sind, daß alles beim alten bleibt, dann sagen Sie die Zukunft genauso gesichert voraus, als wenn Sie meinen, es würde sich einiges ändern. Denken Sie an das Peter-Prinzip: »Immer tritt das Unerwartete ein.«

Trends zu verfolgen kann ein nützliches Instrument sein, um mit der unwägbaren Zukunft fertigzuwerden; aber die Marktforschung ist dabei oft eher ein Hemmschuh als eine Hilfe. Die Marktforschung bringt es immer dann zu Bestleistungen, wenn sie sich mit meßbaren Daten aus der Vergangenheit befaßt. Aber neue Ideen und Konzepte können nicht gemessen werden. Niemand hat einen Bezugsrahmen zur Hand. Kein Mensch weiß im voraus, wie er sich verhalten wird, bis die Stunde der Entscheidung tatsächlich gekommen ist.

Ein klassisches Beispiel waren die Marktforschungsaktivitäten, die Xerox vor Einführung des Normalpapier-Kopierers in die Wege leitete. Was dabei herauskam war die Schlußfolgerung, daß niemand das Dreifache für eine Normalpapier-Kopie lockermachen würde, wenn er eine Thermofax-Kopie für einen Groschen haben konnte. Xerox ignorierte die Forschungsergebnisse, und der Rest ist Geschichte.

Eine Möglichkeit, mit den Unwägbarkeiten unserer Welt zu Rande zu kommen, besteht darin, Ihrem Unternehmen eine kräftige Dosis Flexibilität zu verabreichen. Wenn der Sturm der Veränderungen über Ihre Produkt- oder Dienstleistungskategorie hinwegfegt, müssen Sie gewillt und bereit sein, Veränderungen einzuleiten, und

zwar schnellstmöglich, wenn Sie langfristig überleben wollen.
Gestern reagierte General Motors nur zögernd auf den Trend zum Kleinwagen. Der Konzern hat einen hohen Preis dafür gezahlt.
Heute nimmt IBM nur ungern zur Kenntnis, daß sich der Trend von den Großrechnern wegbewegt. Der Konzern zahlt dafür einen hohen Preis.
Derzeit stellen die Workstations eine echte Bedrohung sowohl für die Großrechner als auch für Minirechner dar. Workstations bieten eine enorme Leistungskapazität bei sehr niedrigen Kosten. Wenn IBM seine Führungsposition in der Computer-Sparte halten will, muß sich der Konzern zu einem ernstzunehmenden Wettbewerber in einem Tätigkeitsfeld entwickeln, in dem Sun Microsystems und Hewlett-Packard den Ton angeben.
Ein naheliegender Schritt wäre die Einführung eines neuen generischen Namens. Vielleicht sollte der Konzern die neue hochleistungsfähige Workstation-Linie am besten »PMs« nennen, wie er es bei den überaus erfolgreichen »PCs« gemacht hat.
»PM« würde für »Personal Mainframe« stehen. Diese beiden generischen Begriffe bringen die Schnelligkeit und Datenverarbeitungskapazität der neuen Desktop-Geräte nachhaltig zum Ausdruck. Außerdem handelt es sich dabei um Begriffe, die IBM in den Köpfen der Käufer bereits in Besitz genommen hat. Die Kombination wäre einfach unschlagbar.
Das einzige Problem mit einem Konzept wie diesem ist vermutlich bei IBM selbst zu finden. Allein der Begriff »Personal Mainframe« würde den Großrechner- und den PC-Bereich des Konzerns in Angst und Schrecken versetzen. Es ist anzunehmen, daß die hausinternen Tele-

fone heißlaufen und innerhalb Nullkommanichts die Parole ausgegeben würde, daß ein »Personal Mainframe« diese beiden wichtigen Einkommensquellen untergrabe. Das stimmt vermutlich, aber ein Unternehmen muß flexibel genug sein, um sich selbst mit einer neuen Idee herauszufordern. Veränderung ist kein Kinderspiel, aber der einzige Weg, um die unvorhersehbare Zukunft in den Griff zu bekommen.

Eine letzte Anmerkung, die der Erwähnung wert ist. Es besteht ein Unterschied zwischen einer »Prognose«, die man in der Absicht erstellt, gesicherte Aussagen über die Zukunft zu machen, und einer »Chance«, die man in der Absicht ergreift, eine gesicherte Zukunft zu schaffen.

Orville Redenbacher setzte mit seinem Gourmet Popping Corn auf die Chance, daß die Leute doppelt soviel Geld für ein Feinschmecker-Popcorn auf den Tisch blättern würden. Kein unzumutbares Risiko, wenn man an unsere heutige Wohlstandsgesellschaft denkt.

Niemand kann die Zukunft mit gleich welchem Grad an Sicherheit voraussagen. Marketingpläne sollten es gar nicht erst versuchen.

Das 18. Gebot im Marketing:
Halten Sie Ihr Ego klein!

Erfolg führt oft zu Hochmut,
und Hochmut kommt vor dem Fall.

Das Ego ist der größte Feind des Marketingerfolgs. Erforderlich dagegen ist mehr Objektivität. Wenn jemand Erfolg hat, neigt er dazu, seinen vorurteilslosen Blick zu verlieren. Oft setzt er sein eigenes Urteil an die Stelle dessen, was der Markt verlangt.

Donald Trump und Robert Maxwell sind nur zwei Beispiele für Menschen, die durch den frühen Erfolg geblendet und unbeleckt von jeglicher Bescheidenheit waren. Und wenn man »blind« ist, fällt es einem in der Tat schwer, sein »Augenmerk« auf einen bestimmten Punkt zu richten.

Trumps Strategie bestand darin, sein Namensschildchen an alles zu hängen, was des Weges kam. Er beging die Todsünde der Programmerweiterung um jeden Preis.

(Leugnen scheint Hand in Hand mit einem großen Ego zu gehen. Als wir »The Donald« kennenlernten, eröffnete er das Gespräch mit der Bemerkung, dauernd werfe man ihm vor, an überzogenem Selbstgefühl zu leiden. Das entspräche absolut nicht den Tatsachen, fuhr er fort. Während der ganzen Zeit fiel es uns jedoch schwer, den

Blick von dem riesigen »T« aus Messing zu lösen, das neben seinem Schreibtisch prangte.)
Zu Programmerweiterungen kommt es oft dann, wenn eine Firma mit ihren Produkten besonders erfolgreich ist. Das Management geht davon aus, daß der Grund für den Erfolg im Markennamen liegt. Und dann wird nach weiteren Produkten gesucht, auf die der erfolgreiche Name gesetzt werden kann.
Dieses Vorgehen ist falsch. Nicht der Name macht die Marke berühmt (obwohl ein unpassender Name Erfolg verhindern kann). Eine Marke wird berühmt, weil die richtigen Marketingschritte ausgeführt wurden (Sie haben die unumstößlichen Gebote im Marketing beachtet: Der Name Ihrer Firma sitzt fest im Gedächtnis der Kunden, Sie konzentrieren sich auf ein wesentliches Schlagwort und haben ein wichtiges Produktmerkmal für sich reserviert).
Wenn der Erfolg jedoch das Ego derartig vergrößert, daß Sie den berühmten Namen auf alles setzen, erhalten Sie folgendes Ergebnis: schnellen Erfolg und langfristigen Mißerfolg (siehe Donald Trump).
Je mehr Sie sich mit dem Namen Ihrer Marke oder Ihres Unternehmens identifizieren, desto wahrscheinlicher wird es, daß Sie auf die Idee der Programmerweiterung hereinfallen. »Es kann nicht am Namen liegen« werden Sie denken, wenn die Sache schief geht. »Unser Name ist großartig.« Aber: Hochmut kommt vor dem Fall.
Tom Monaghan von Domino's Pizza gehört zu den wenigen Spitzenführungskräften, die erkannt haben, wie sehr das Ego den Menschen in die Irre führen kann. »Man beginnt zu glauben, man könne sich alles erlauben. Genauso war das damals in der Startphase des Unternehmens. Ich habe mich eine Zeitlang auf tiefgefrorene Piz-

zen verlegt, und schon nahte die Katastrophe. Wenn ich mit diesen Tiefkühlpizzen nicht einen guten Teil des Jahres verplempert und versucht hätte, sie in Bars und Restaurants zu verkaufen, dann wäre Domino's vermutlich um einige Filialen reicher.«
Es ist schon wichtig, ein gesundes Ego zu haben. Das Ego kann die treibende Kraft sein, wenn Sie ein Unternehmen aufbauen. Problematisch wird es, wenn Ihr Ego zu sehr am Marketingprozeß teilnimmt. Brillante Marketingleute müssen nämlich in der Lage sein, sich in den Kunden hineinzuversetzen. Sie dürfen nicht anderen ihre Sicht der Welt aufzwingen (Denken Sie daran, daß alles auf Wahrnehmung basiert und das einzige, das im Marketing zählt, die Wahrnehmung des Kunden ist).
Mit dem zunehmenden Erfolg wurden Unternehmen wie General Motors, Sears Roebuck und IBM anmaßend und überheblich. Sie glaubten, mit dem Markt nach Lust und Laune umspringen zu können. Erfolg führt oft zu Versagen.
Nehmen wir Digital Equipment Corporation, die Firma, die uns den Minirechner bescherte. DEC hat buchstäblich bei Null angefangen und sich dann zu einem ungeheuer erfolgreichen, 14 Milliarden Dollar schweren Unternehmen gemausert.
DECs Gründer ist Kenneth Olsen. Der Höhenflug machte Ken zu einem so fanatischen Anhänger seiner eigenen Computerwelt-Sicht, daß er nur noch die Nase rümpfte über so läppische Dinge wie den PC, die offenen Systeme, die danach auf den Markt kamen, und die neue Generation der RISC-Computer (Rechner mit reduziertem Befehlsvolumen).
Mit anderen Worten: Ken Olsen nahm drei der wichtigsten Entwicklungen in der Rechner-Sparte einfach nicht

zur Kenntnis. (Ein Trend läßt sich mit Ebbe und Flut vergleichen. Man kämpft nicht dagegen an.) 1992 ist Ken Olsen dann gefeuert worden.

Je größer ein Unternehmen, desto größer ist auch die Wahrscheinlichkeit, daß der Konzernchef den Kontakt zur Front verloren hat. Dies ist das wichtigste Argument gegen unbegrenztes Unternehmenswachstum und Größe. Alle anderen Faktoren sprechen für Größe. Marketing ist ein Krieg, und das oberste Prinzip der Kriegsführung ist das Prinzip der Macht. Die größere Armee, das größere Unternehmen befindet sich im Vorteil.

Aber das größere Unternehmen büßt einiges von diesem Vorteil ein, wenn es sich nicht ständig auf die Marketing-Schlacht zu konzentrieren vermag, die im Kopf des Kunden stattfindet.

Das Duell bei General Motors, ausgetragen zwischen Roger Smith und Ross Perot, veranschaulicht dieses Argument. Als Ross Perot noch im GM-Vorstand saß, verbrachte er seine Wochenenden damit, Händler zu besuchen und Autos zu kaufen. Er machte es Roger Smith zum Vorwurf, daß dieser nicht die gleiche Einsatzbereitschaft an den Tag legte.

»Wir müssen das GM-System mit Stumpf und Stiel ausrotten«, sagte Perot. Er war dafür, die geheizten Garagen, die Limousinen mit Chauffeur und die exklusiven Speiseräume der Spitzenmanager abzuschaffen. (Limousinen mit Chauffeur bei einer Firma, die bemüht ist, Autos zu verkaufen?)

Falls Sie zu den Topmanagern mit randvollem Terminkalender zählen, stellt sich natürlich die Frage, wie Sie objektive Informationen über das tatsächliche Geschehen sammeln sollen. Wie umgehen Sie den Hang des mittleren Managements, Ihnen genau das zu erzählen, was Sie seiner Meinung nach hören wollen? Wie kommen Sie sowohl an die schlechten als auch an die guten Neuigkeiten heran?

Eine Möglichkeit besteht darin, sich zu »tarnen« oder unangemeldet aufzutauchen. Das ist besonders nützlich, wenn Sie Ihre Informationen vom Handel bekommen. Diese Methode ähnelt der des Königs, der sich als gemeiner Mann verkleidet unter seine Untertanen mischte. Der Grund: Er wollte dem Volk aufs Maul schauen und erfahren, was in seinem Reich wirklich vor sich ging.

Wie Könige, so können auch Spitzenmanager selten damit rechnen, daß ihre Minister ihnen unverblümt sagen, was sie wirklich denken. Zuviele Intrigenspiele laufen bei Hofe.

Ein weiterer Aspekt des Problems ist die Zeiteinteilung. In den USA wird die Zeit einer Spitzenführungskraft beispielsweise von zu vielen United Way-Meetings (um Strategien der Mittelbeschaffung zu besprechen), zu vielen branchenspezifischen Nebentätigkeiten, zuvielen Sitzungen des Board of Directors und zuvielen Geschäftsessen mit Kunden aufgezehrt. Einer Umfrage zufolge verbringt ein Spitzenmanager im Schnitt achtzehn Stunden pro Woche mit »firmenexternen Aktivitäten«. Als nächstgrößter Zeitkiller sind die firmeninternen Meetings zu nennen. Ein Topmanager nimmt im Schnitt siebzehn Stunden pro Woche an Besprechungen und Konferenzen teil und braucht sechs Stunden pro Woche, um sich auf diese Sitzungen vorzubereiten.

Da der typische Topmanager einundsechzig Stunden pro Woche arbeitet, bleiben nur zwanzig Stunden für alle übrigen Dinge, einschließlich der Bewältigung des Tagesgeschäfts und des Besuchs der Front. Kein Wunder, daß

Angehörige der Führungsetage die Marketingfunktion gerne delegieren. Und genau das ist ein Fehler.
Das Marketing ist zu wichtig, um es einem »Vasallen« zu überlassen. Wenn Sie sich überhaupt irgendeine Aufgabe vom Hals schaffen wollen, dann geben Sie doch den Vorsitz über den nächsten Fund Raising-Ausschuß weiter. (Der Vizepräsident der Vereinigten Staaten von Amerika nimmt an Staatsbegräbnissen teil und nicht etwa der Präsident.)
Als nächstes könnten Sie Ihre Konferenzen und Besprechungen drastisch beschneiden. Statt Reden zu schwingen, sollten Sie sich lieber auf den Schauplatz des Geschehens begeben, um sich mit eigenen Augen ein Bild zu machen. Wie Gorbatschow schon Reagan erklärte: »Es ist besser, einmal zu sehen als hundertmal zu hören.«
Kleine Firmen sind der vordersten Front näher als Großunternehmen. Das könnte einer der Gründe dafür sein, daß sie während der letzten Jahrzehnte schneller gewachsen sind.
Sie sind noch nicht der Versuchung erlegen, gegen das Gebot des kleinen Egos zu verstoßen.

Das 19. Gebot im Marketing:
Gestehen Sie Fehler ein!

Fehlschläge müssen erwartet
und akzeptiert werden.

Zuviele Firmen versuchen, ein Projekt auf Teufel komm raus durchzuziehen, statt es ein für allemal fallenzulassen. »Umstrukturieren, um zu retten, was noch zu retten ist« lautet ihre Lebensphilosophie.
Einen Fehler eingestehen und nichts dagegen zu unternehmen ist der Karriere abträglich. Eine bessere Strategie besteht darin, drohende Fehlschläge frühzeitig auszumachen und den Schaden zu begrenzen. American Motors hätte den Bau seiner PKWs einstellen und sich statt dessen auf Jeeps konzentrieren sollen. IBM hätte die Kopiergeräte (und Xerox die Computer) aus dem Programm streichen sollen, und zwar schon einige Jahre, bevor sie ihre Fehler schließlich erkannten.
Die Japaner scheinen fähig zu sein, sich Fehler rechtzeitig einzugestehen und dann sofort die notwendigen Veränderungen einzuleiten. Ihr auf Konsens ausgerichteter Führungsstil neigt dazu, Individualität und Ego auszuradieren. Da zahlreiche Mitarbeiter ein kleines Wörtchen bei einer großen Entscheidung mitzureden haben, haftet einem Fehlgriff kein Stigma an, das als karriereschädlich betrachtet werden könnte. Anders ausgedrückt: Es ist um

einiges leichter zu verkraften, wenn sich alle geirrt haben, als wenn man zugeben muß: »Ich habe mich geirrt.«
Dieser selbstlose Ansatz hat maßgeblich dazu beigetragen, daß sich die Japaner zu so »unerbittlichen« Marktteilnehmern entwickelt haben. Nicht, daß ihnen keine Fehler unterliefen. Aber wenn sie sich auf dem Holzweg befinden, dann geben sie es zu, korrigieren den Kurs und stürmen ungebrochen vorwärts.
Die Wal-Mart-Kette hat nicht nur Riesenerfolge zu verzeichnen, sondern auch eine Methode gefunden, mit Fehlschlägen fertigzuwerden. Sie wird als Sam Waltons »Bereitmachen, feuern, zielen«-Technik bezeichnet. Sie ist eine natürliche Folge seiner Neigung, ständig etwas Neues auszuprobieren.
Er war sich sehr wohl der Tatsache bewußt, daß kein Mensch jedesmal ins Schwarze trifft. Aber bei Wal-Mart werden die Mitarbeiter nicht bestraft, wenn ihre Experimente fehlschlagen. Der Konzernchef erklärte in einem Artikel, den die Zeitschrift *Business Week* veröffentlichte: »Wenn jemand etwas dazulernt und etwas Neues ausprobiert, dann erntet er vermutlich Lob. Aber wehe demjenigen, der denselben Fehler zweimal macht.«
Was Wal-Mart von vielen großen Unternehmen unterscheidet ist, daß es bisher von einer hartnäckigen Krankheit verschont geblieben zu sein scheint: Sie trägt den Namen »persönliche Zielsetzung« und kann sich in jedes Unternehmen einschleichen. Wenn im Marketing Entscheidungen getroffen werden, spielt die Karriere des Entscheidungsträgers oft die wichtigste Rolle, und die Auswirkung auf die Konkurrenz oder den Gegner steht erst an zweiter Stelle. Konflikte zwischen der persönlichen Zielsetzung und den Zielsetzungen des Unternehmens sind nahezu vorprogrammiert.

Das hat mangelnde Risikobereitschaft zur Folge. (Es ist schwer, als Erster in einer Produktkategorie Profil zu zeigen, ohne den Kopf hinzuhalten.) Wenn ein hochkarätiger Manager satte Bezüge und nur noch kurze Zeit bis zum Ruhestand hat, dann ist ein wagemutiger Schritt höchst unwahrscheinlich.

Selbst jüngere Führungskräfte treffen oft nur »hieb- und stichfeste« Entscheidungen, um beim Erklettern der Karriereleiter im Unternehmen nicht ins Stolpern zu geraten. Niemand ist je wegen eines Risikos gefeuert worden, das er nicht eingegangen ist.

In manchen amerikanischen Unternehmen zeigt man nur dann Initiativfreudigkeit, wenn ein Vorschlag der persönlichen Zielsetzung eines Topmanagement-Mitglieds zugute kommt. Damit schränkt man die Bandbreite der Marketingmaßnahmen, die ein Unternehmen ergreifen könnte, ernsthaft ein. Eine Idee wird abgeschmettert, nicht, weil sie auf tönernen Füßen stünde, sondern weil kein Angehöriger der Geschäftsleitung persönlich davon profitiert.

Eine Möglichkeit, die Bombe der persönlichen Zielsetzung zu entschärfen, besteht darin, die wahren Motive ans Tageslicht zu bringen. 3M benutzt das Champion-System, um öffentlich zu bekunden, welche Person aus dem Erfolg eines neuen Produkts oder Projekts Nutzen zieht. Die erfolgreiche Einführung der Post-It-Notes von 3M zeigt, wie das Konzept funktioniert. Art Fry ist der 3M-Wissenschaftler, der sich für das Konzept stark machte, das annähernd ein dutzend Jahre brauchte, bis es marktfähig war.

Das 3M-System funktioniert zweifellos. Aber rein theoretisch wäre das ideale Unternehmensumfeld so beschaffen, daß es Führungskräften gestattet, ein Konzept nach

seinen Vorzügen zu beurteilen und nicht nach den persönlichen Vorteilen, die es jemandem bringt.
Wenn ein Unternehmen bestrebt ist, diesem Idealbild gerecht zu werden, dann braucht es Teamarbeit, Korpsgeist und eine selbstaufopfernde Führung.
Dabei denkt man sofort an General Patton, der mit seiner Dritten Armee einen kühnen Vorstoß quer durch Frankreich wagte. Keine Streitmacht in der Geschichte hat in so kurzer Zeit soviel Landgewinn und Gefangene gemacht.
Pattons Lohn? Eisenhower feuerte ihn.

Das 20. Gebot im Marketing:
Trauen Sie den Medien nicht!

Die Situation ist in Wirklichkeit
oft das genaue Gegenteil dessen,
was sie in der Presse zu sein scheint.

Als IBM auf der Erfolgswelle ganz oben schwamm, hatte der Konzern wenig zu sagen. Jetzt hält IBM jede Menge Pressekonferenzen ab.

Wenn alles zum Besten steht, braucht ein Unternehmen keine Schlagzeilen in der Presse. Wenn es sie braucht, bedeutet das für gewöhnlich, daß es bis zum Hals in Schwierigkeiten steckt.

Junge und unerfahrene Reporter und Redakteure lassen sich oft mehr von dem beeindrucken, was sie in anderen Blättern lesen, als von ihren eigenhändig gesammelten Informationen. Sobald der Presserummel einmal begonnen hat, ist er nicht mehr aufzuhalten; die Spirale dreht sich immer weiter.

Kein Soft Drink sorgte für mehr Schlagzeilen als New Coke. Einer Schätzung zufolge belief sich die kostenlose Werbung auf mehr als eine Milliarde Dollar. Rechnet man die Hunderte von Millionen Dollar, die für die Einführung der Marke aufgewendet wurden, dazu, dann sollte New Coke eigentlich das erfolgreichste Produkt der Welt sein. Das war es jedoch nicht.

Weniger als sechzig Tage nach der Markteinführung sah sich Coca-Cola gezwungen, der ursprünglichen Formel – inzwischen Coca-Cola Classic genannt – eine Wiederbelebungsspritze zu verpassen. Sieger im Kampf Alt gegen Neu ist das klassische Cola mit einem Umsatz-Vorteil von rund 15 zu 1.

Keine Zeitung hat mehr Schlagzeilen gemacht als *USA Today*. Bei der feierlichen Markteinführungszeremonie im Jahr 1982 waren der Präsident der Vereinigten Staaten von Amerika, der Sprecher des Repräsentantenhauses und der Fraktionsführer der Mehrheitspartei im Senat anwesend. Der Widerhall der Werbetrommel, die anfangs gerührt wurde, dröhnt immer noch so laut in den Ohren, daß die meisten Leute einfach nicht glauben können, daß die *USA Today* auf verlorenem Posten kämpft.

Kein Computer hat mehr Schlagzeilen gemacht als der NeXt-Computer. Die Nachfrage nach Pressekonferenz-Ausweisen war so groß, daß Steve Jobs Eintrittskarten im voraus drucken mußte, obwohl der Zuhörerraum mehrere tausend Menschen aufnehmen konnte. Alle Plätze waren besetzt. Steve Jobs ist nicht nur für Sensationen in den Fernsehnachrichten gut, sondern auch für die Titelblätter vieler bekannter Publikationen. IBM, Ross Perot und Canon haben 130 Millionen Dollar investiert.

Wird der NeXt-Computer den Siegeszug antreten? Natürlich nicht. Wo ist das Loch, durch das er schlüpfen könnte? NeXt ist der Erste in einer neuen Kategorie von was?

Die Geschichte ist randvoll mit Marketing-Flops, die laut Presse erfolgreich sein sollten: der Tucker 48, die U. S. Football League, Videotext, die vollautomatisierte Fabrik, der eigene Hubschrauber, das Heim aus der Re-

torte, Bildtelefon und Polyester-Anzüge. Der Kern des Presserummels war nicht nur die Aussage, daß dem neuen Produkt Erfolg beschieden sein würde, sondern vielmehr die Behauptung, daß die damals vorhandenen Produkte heute längst überholt sein würden.
Polyester sollte Wolle ersetzen und Videotext die Zeitungen, und der Hubschrauber für jedermann sollte Straßen und Autobahnen überflüssig machen. Der Tucker 48 mit seinem Scheinwerfer, der einem Zyklopenauge glich, wird die Automobilkonstruktion in Detroit revolutionieren, hieß es. (Nicht mehr als 51 wurden jemals gebaut.) Im vielgepriesenen »Büro der Zukunft« würden angeblich alle Gerätschaften in ein einziges Computer-System integriert sein. Als wir das letzte Mal nachgesehen haben, fanden wir voneinander getrennte Schreibmaschinen (heute PC genannt), Laserdrucker, Faxgeräte, Kopierer und Freistempler vor. Das »Büro der Zukunft« hat einen passenden Namen erhalten. Ein Konzept, das für immer und ewig Zukunft bleiben wird.
Solche Prognosen verstoßen gegen das Gebot, keinen Vorhersagen zu glauben. Niemand kann gesicherte Aussagen über die Zukunft machen, nicht einmal ein seriöser Reporter des *Wall Street Journal.* Die einzigen Revolutionen, die sich voraussagen lassen, sind diejenigen, die bereits begonnen haben.
Hat irgend jemand den Zusammenbruch des Sozialismus in der ehemaligen UdSSR vorausgesagt? Eigentlich nicht. Erst nachdem das ganze schon begonnen hatte, sprang die Presse auf den »Zusammenbruch des kommunistischen Reichs«-Zug.
Vergleichen wir doch einmal den ersten Tucker mit dem ersten Toyopet, der die kalifornischen Küsten heimsuchte. Hat die *Los Angeles Times* einen Bericht darüber

gebracht, wie sehr die japanischen Importe die US-Autoindustrie aus dem Tiefschlaf aufrütteln würden? Mitnichten. Die einzigen Geschichten, die Schlagzeilen machten, rankten sich um die Kleinwagen aus Japan, die auseinanderfielen, weil sie den Härten der amerikanischen Straßen nicht gewachsen waren.
(Der Toyopet entpuppte sich natürlich als Renner, nachdem man Veränderungen im Design vorgenommen und den Namen des Automobils in Toyota umgeändert hatte.)
Als MCI mit der Einführung eines Microwave-Service zwischen Chicago und St. Louis an den Start ging, ließ da die Presse etwa verlauten: »Aufgepaßt, AT & T, hier kommt die Konkurrenz«? Fehlanzeige. Sie schenkte dem Winzling kaum Beachtung.
Als Sun Microsystems die erste Workstation auslieferte, nahm die Presse da die Bedeutung des Ereignisses zur Kenntnis? Oder wies sie darauf hin, daß die Workstations eines Tages das Fundament von IBM und DEC zum Erbeben bringen würden? Keineswegs. Die Presse zeigte Sun die kalte Schulter.
Vergessen Sie die Titelseite. Wenn Sie nach Hinweisen auf die Zukunft suchen, werfen Sie einen Blick auf die letzte Seite der Zeitung, wo die völlig belanglos erscheinenden Geschichten abgedruckt sind.
Weder der PC noch das Faxgerät waren Senkrechtstarter. Der PC wurde 1974 eingeführt. IBM brauchte sechs Jahre, um den Schlag mit einem hauseigenen PC zu parieren. Und selbst der PC boomte erst eineinhalb Jahre später, als Lotus 1-2-3 auf den Markt kam.
Die Phantasie einer breiten Öffentlichkeit fesseln ist nicht dasselbe, wie einen Markt revolutionieren. Nehmen Sie das Bildtelefon. Seit der Einführung im Jahr 1964 anläßlich der Weltausstellung in New York hat das Bild-

telefon Schlagzeilen gemacht, vornehmlich auf der ersten Seite. Ein Beispiel aus jüngster Zeit ist der Bericht auf der Titelseite des *Wall Street Journal*: »Das Bildtelefon-Zeitalter könnte endlich nahen und große Veränderungen mit sich bringen.«

Das ist der dritte Versuch für AT & T: In den siebziger Jahren scheiterte der Konzern mit seinem Bildtelefon für 100 Dollar pro Monat. In den achtziger Jahren scheiterte er mit einer Bildschirm-Konferenzschaltung für 2300 Dollar die Stunde. In den neunziger Jahren versucht es AT & T mit 1500-Dollar-Bildtelefonen.

Man kann leicht erkennen, warum das Bildtelefon keine rechten Fortschritte macht. Wer hat schon Lust, sich in Schale zu werfen, bevor er telefoniert? Was sich nicht so leicht erkennen läßt ist der Grund, warum die Presse einen solchen Wirbel um das Bildtelefon veranstaltet. Im Untertitel eines Artikels, der in der Zeitschrift *Journal* erschien, findet sich ein Hinweis: »Eine Alternative zum Reisen«. Seid auf der Hut, American Airlines, United und Delta, eure Tage sind gezählt! Es geht bei all dem Pressewirbel im Grunde gar nicht um das Bildtelefon, sondern vielmehr um die Revolution in der Reisebranche, die angeblich kurz bevorsteht.

Im Laufe der Jahre wurde der größte Presserummel immer um solche Entwicklungen veranstaltet, die versprechen – oder Anspruch darauf erheben –, im Alleingang eine ganze Industrie auf den Kopf zu stellen, vorzugsweise eine, die für die Wirtschaft eines Landes von lebenswichtiger Bedeutung ist.

Denken Sie an den Wirbel, den der Hubschrauber nach dem Zweiten Weltkrieg auslöste. In jeder Garage sollte ein Helikopter stehen; Straßen, Brücken und die gesamte Automobilindustrie, so hieß es, werden über Nacht

überflüssig. Hat Donald Trump einen Helikopter? Haben Sie einen? (Donald besaß tatsächlich einen, mußte ihn aber an die Bank zurückgeben.)
Auch das Fertighaus sorgte für Sensationsmeldungen. Das teuerste Produkt, das eine Familie sich je zulegt, wird am Fließband hergestellt, ein epochemachender Schritt in der Baubranche.
Von Zeit zu Zeit machen die No-Name-Nahrungsmittel Schlagzeilen. Diese Entwicklung wird den Markt für abgepackte Waren revolutionieren. Markenartikel sind Schnee von gestern. Die Verbraucher werden die Etiketten lesen und die Erzeugnisse wegen ihrer Verdienste kaufen, statt sich von der Größe des Werbebudgets der Marke blenden zu lassen. Alles Propaganda.
Das letzte Produkt, um das die Presse einen Riesenwirbel veranstaltete, ist der Notepad. Er wird in der PC-Sparte angeblich das unterste zuoberst kehren und Computer jedermann zugänglich machen – auch Leuten, die nicht tippen können. Alles Propaganda.
Es ist beileibe nicht so, daß jede durch den Presserummel hochgeputschte Geschichte nicht doch ein Körnchen Wahrheit enthielte. Schließlich kann sich jeder, der 580 000 Dollar plus Mehrwertsteuer verdient, einen netten kleinen Bell-Hubschrauber mit fünf Sitzplätzen kaufen.
Der Notepad könnte für ein eng begrenztes Marktsegment reizvoll sein, vor allem für herumreisende Vertreter. Das Bildtelefon wäre durchaus imstande, die Telefonsex-Branche zu revolutionieren, und es gibt mit Sicherheit einen beachtlichen Markt für mobile Häuser und Freizeitvehikel frisch vom Fließband.
In den meisten Fällen ist der Presserummel jedoch reine Propaganda. Echte Revolutionen brechen nun mal nicht

um zwölf Uhr mittags aus, begleitet vom Trommelwirbel eines Musikkorps und Schlagzeilen in der Tagesschau.
Echte Revolutionen schleichen sich klammheimlich mitten in der Nacht an.

Das 21. Gebot im Marketing: **Machen Sie nicht jede Mode mit!**

Erfolgreiche Strategien werden nicht
auf dem Fundament kurzlebiger Marktlaunen,
sondern langfristiger Trends gebaut.

Eine kurzlebige Marktlaune läßt sich mit einer Meereswelle vergleichen und eine langfristige Marktentwicklung, oder ein Trend, mit dem Wechselspiel der Gezeiten. Eine Marktlaune sorgt für jede Menge Schlagzeilen in der Presse, ein Trend hat nur wenig Medienwirksamkeit. Wie die Welle ist auch eine Marktlaune sehr gut zu erkennen, aber zwischen ihrem Aufstieg und Fall liegt nur eine winzige Zeitspanne. Wie Trends sind Ebbe und Flut fast nicht mit bloßem Auge auszumachen, aber sie zeitigen langfristig ungeheure Wirkung.

Eine Marktlaune ist ein kurzlebiges Phänomen, das durchaus gewinnträchtig sein kann; es dauert aber nicht lange genug an, um einem Unternehmen viel Gutes zu bescheren. Dazu kommt, daß viele Firmen dazu neigen, sich voll zu rüsten und alle Mittel für die Marktlaune zu mobilisieren, als handle es sich um einen längerfristigen Trend. Das Ergebnis ist, daß sie auf einem umfangreichen Arsenal von Mitarbeitern, kostspieligen Produktionsausrüstungen und Distributionsnetzen sitzenbleiben.

Wenn die Marktlaune das Zeitliche gesegnet hat, steht solchen Unternehmen häufig ein tiefgreifender Finanzschock bevor. Was Atari widerfuhr, ist in dieser Hinsicht typisch.

Ähnlich erging es der Firma Coleco Industries, was dem Umgang mit ihren Cabbage Patch Kids zuzuschreiben war. Diese schlichten Puppen kamen 1983 auf den Markt und entwickelten sich bald zum Renner. Colecos Strategie bestand darin, alles aus ihren Puppenkindern rauszuholen, was sich nur rausholen ließ. Eine Welle von Cabbage-Patch-Neuheiten überflutete die Spielwarengeschäfte – Füller, Bleistifte, Buntstiftkästchen, Spiele, Bekleidung.

Zwei Jahre später hatte Coleco den Umsatz auf 776 Millionen und die Gewinne auf 83 Millionen Dollar hochgeschraubt. Und dann sackte den Puppen der Boden unter den Füßen weg.

Coleco segnete das Zeitliche, aber die Puppenkinder lebten weiter. Sie wurden 1989 von Hasbro »adoptiert« und werden nun strikt nach Lehrbuch behandelt. Sie erfreuen sich heute bester Gesundheit.

Und hier liegt der Widerspruch. Wenn Sie sich einem rapide wachsenden Markt gegenübersehen, der alle Merkmale einer Marktlaune aufweist, versuchen Sie am besten, die vorübergehende Laune zu dämpfen. Damit erreichen Sie, daß Sie die Zeitdauer strecken, in der sie sich bemerkbar macht, so daß sie eher einem Trend gleicht.

Das kann man in der Spielwarenbranche beobachten. Manche Besitzer von brandheißem Spielzeug haben beschlossen, ihren Herstellernamen auf alles zu kleben, was heißbegehrt und »in« ist. Das hat zur Folge, daß sich die vorübergehende Marktlaune zu einer Riesenseifenblase

entwickelt, die einfach zerplatzen muß. Wenn jeder eine Ninja-Turtle besitzt, besteht kein weiterer Bedarf mehr.
Die Ninja-Turtle ist ein gutes Beispiel für eine Welle, die nach kürzester Zeit zusammenbricht, weil der geistige Vater des Konzepts zu habgierig wurde. Er hat die Laune angeheizt, statt sie zu dämpfen.
Die Barbie-Puppe ist im Gegensatz dazu ein Trend geworden. Seit sie vor Jahren das Licht der Welt erblickte, hat man nie versucht, das Konzept auch in anderen Bereichen gnadenlos zu vermarkten. Infolgedessen wurde die Barbie-Puppe zu einem langfristigen Trend in der Spielzeugbranche.
Die erfolgreichsten Entertainer sind diejenigen, die die Anzahl ihrer öffentlichen Auftritte beschränken. Sie wissen, wie man sich rar macht. Sie verzichten darauf, überall mitzumischen. Sie sorgen dafür, daß ihr Publikum sie mit begeistertem Applaus und nicht mit höflich-müdem Beifall empfängt.
Colonel Parker, der Manager von Elvis Presley, bemühte sich bewußt, die Anzahl der Auftritte und Platten des King zu beschränken. Das hatte zur Folge, daß jede Elvis-Show ein unvergleichliches Erlebnis war. Elvis selbst trug hierzu bei, indem er zuerst sehr oft auftrat und später fast überhaupt nicht mehr. Bei Marilyn Monroe und James Dean war es ähnlich.
Vergessen Sie die Welle der Neuheiten und die vorübergehenden Launen des Marktes. Und falls sie auftauchen, setzen Sie ihnen einen Dämpfer auf. Das einzige, worauf es sich im Marketing wirklich zu reiten lohnt, ist ein langfristiger Trend.

Das 22. Gebot im Marketing:
Halten Sie den Cash bereit!

Eine Idee hat keine Chance,
wenn ihr die finanzielle Unterstützung fehlt.

Wenn Sie eine gute Idee gehabt und dieses Buch mit dem Gedanken im Hinterkopf gekauft haben, daß Sie nur ein bißchen Nachhilfe in Sachen Marketing brauchen, dann wird Sie dieses Kapitel enttäuschen.
Selbst die beste Idee der Welt kommt nicht weit ohne das nötige Kleingeld, das ihr auf die Sprünge hilft. Erfinder, wagemutige Unternehmer und Kreative, die Geistesblitze am Fließband produzieren, scheinen oft zu denken, daß ihren Ideen nicht mehr fehle als ein bißchen professioneller Marketingbeistand.
Nichts könnte der Wahrheit ferner sein. Marketing ist ein Spiel, das im Kopf des Kunden ausgetragen wird. Doch Sie brauchen Geld, um sich einen Platz in den kleinen grauen Zellen zu verschaffen. Und Sie brauchen Geld, um das Terrain zu halten, sobald Sie es erobert haben.
Sie erreichen mehr mit einer mittelmäßigen Idee, getragen von einer Million, als mit einer brillanten Idee, die ohne eine müde Mark daherkommt.
Manche Unternehmer sehen in der Werbung die Lösung des Problems, sich Eingang in die Köpfe der Kunden zu verschaffen. Werbung ist teuer. Die Kampfhandlungen

im Zweiten Weltkrieg haben 9000 Dollar pro Minute gekostet. Die Kampfhandlungen in Vietnam haben 22 000 Dollar pro Minute verschlungen. Für einen Werbespot, der während des NFL Superbowl – einer der großen Wettbewerbe im amerikanischen Profi-Football – gesendet wird, müssen Sie 1,5 Millionen Dollar zahlen.
Steve Jobs und Steve Wozniak hatten eine phantastische Idee. Aber es waren Mike Markkulas 91 000 Dollar, die Apple Computer Inc. zu einem Platz an der Sonne verhalfen. (Für sein Geld erhielt Markkula ein Drittel der Apple-Anteile. Er hätte die Hand nach der Hälfte ausstrecken sollen.)
Ideen ohne Geld sind ohne jeden Wert. Na ja, ganz so schlimm ist es nicht. Aber Sie müssen Ihre Idee benutzen, um Geld aufzutreiben und nicht Marketinghilfe. Das Marketing kann warten.

Manche Unternehmen sehen im Presserummel einen billigen Weg, Tritt in den Köpfen der Käufer zu fassen. Sie betrachten das als »kostenlose Werbung«. Publicity kriegen Sie nie gratis; sie hat immer ihren Preis. Hier gilt die Faustregel 5-10-20: Eine kleine Public-Relations-Agentur verlangt 5000 Dollar im Monat, um Verkaufsförderung für Ihr Produkt zu betreiben. Eine Agentur mittlerer Größe rührt keinen Finger für weniger als 10 000 Dollar im Monat, und eine große Agentur ist erst mit 20 000 Dollar im Monat dabei.
Einige Unternehmer sehen die Lösung ihrer Geldprobleme darin, Risikokapitalgeber zu finden. Aber nur einem winzigen Prozentsatz gelingt es, auf diese Weise an die benötigten Mittel heranzukommen.
Manche Unternehmer sehen in großen Konzernen eine Art Ziehmutter, die bereit, gewillt und finanziell gerüstet wäre, ihrem Sprößling den Start ins Leben zu erleichtern.

Viel Glück; sie werden es brauchen. Die großen Konzerne nehmen nur sehr wenige Ideen von Außenseitern an. Die einzige wirkliche Hoffnung besteht darin, eine kleine Firma zu finden und sie von den Vorzügen der Idee zu überzeugen.
Vergessen Sie nicht: Eine Idee ohne Geld ist absolut wertlos. Stellen Sie sich darauf ein, daß Sie eine Menge draufzahlen müssen, um die Finanzierung zu sichern.
Im Marketing werden die Reichen häufig immer reicher, weil sie über die Ressourcen verfügen, die man braucht, um eine Idee an den Mann zu bringen. Ihr einziges Problem besteht darin, die guten von den schlechten Ideen zu trennen. Und es sich zu verkneifen, zuviel Geld für zuviele Programme auszugeben. (Kapitel 12: Halten Sie Ihr Programm schlank!)
Der Wettbewerb ist mörderisch. Die Riesenkonzerne polstern Ihre Markenprodukte mit Geldern in Hülle und Fülle. Procter & Gamble und Philip Morris zahlen Jahr für Jahr jeweils mehr als 2 Milliarden Dollar für ihre Werbung. General Motors gibt 1,5 Milliarden Dollar dafür aus.
Das Leben kann sehr unfair sein zu dem kleineren Marktteilnehmer, der sich größeren Konkurrenten gegenübersieht. Nehmen wir die Pet Products von A & M, ein kleiner Betrieb in Houston, Texas. A & M kam auf den Dreh, »klumpende« Katzenstreu herzustellen, eine der bahnbrechendsten Entwicklungen in dieser Produktkategorie.
Das Konzept ist einfach. Wenn Ihre Mieze das Katzenklo besucht hat, bildet das neue Material bei Nässe Klumpen, die sich leicht aussieben und entfernen lassen. Es besteht keine Notwendigkeit mehr, die gesamte Kiste zu entleeren und neu mit Streu zu füllen.

Die Marke, Scoop Away genannt, wurde auf Anhieb überall dort zum Renner, wo man sie einführte. Dieser Coup zog blitzartig die Aufmerksamkeit der Golden Cat Corporation auf sich, die Nummer Eins im Katzenstreu-Geschäft, die Tidy Cat-Markenartikel vertreibt.
Die Firma Golden Cat ist darauf geeicht, eine bedrohliche Idee zu erkennen, wenn sie eine zu Gesicht bekommt. Also führte man flugs eine eigene Version der klumpenden Katzenstreu ein, Tidy Scoop genannt.
Golden Cat übernahm nicht nur die Idee, sondern lieh sich auch einen Teil des Namens aus (Scoop). (Gewissensfrage: Wie unfair kann man sein?)
Wer das Katz-und-Maus-Spiel letztlich gewinnt, entscheidet vermutlich das Geld. Sieger wird derjenige sein, der über die größte finanzielle Schlagkraft verfügt, um Käufern die Idee einzuhämmern.
Im Gegensatz zu einem Konsumgut muß ein technisches Erzeugnis oder ein Produkt, das ausschließlich Unternehmenskunden vorbehalten ist, weniger Marketinggelder lockermachen, weil die Liste der Käufer kürzer und der Medienaufwand weniger kostspielig ist. Dennoch bedarf es auch bei einem technischen Produkt einer angemessenen Finanzbasis, um Broschüren, Verkaufsrepräsentationen, die Teilnahme an Fachmessen und die Werbung zu zahlen.
Fazit: Zuerst müssen Sie eine zündende Idee haben und dann an das Geld herankommen, um sie auszuschöpfen.
Hier sind einige Abkürzungen, auf denen Sie zum Ziel gelangen.
Manchmal hat man die Möglichkeit, reich »einzuheiraten«. Georgette Mosbacher schloß 1985 mit Handelsminister Robert Mosbacher den Bund fürs Leben. Drei Jahre später kaufte Frau Mosbacher La Prairie, eine

Schweizer Kosmetikfirma, für 31,5 Millionen Dollar. Woher stammte das Geld? Aus allen nur erdenklichen Quellen: Risikokapitalgeber, La Prairie-Distributoren in der Schweiz und Japan nebst Eigenkapital und Mitteln ihres Ehemannes. Im ersten Jahr, als Georgette Mosbacher das Regiment führte, stiegen die Umsätze von La Prairie um 30 Prozent. Dann verkaufte sie das Geschäft und kassierte dabei einen satten Gewinn.

Manchmal hat man die Möglichkeit reich zu werden, wenn man sich vom Geld trennt. Frances Lear kam 1985 im Alter von 61 Jahren nach New York. Frisch geschieden von ihrem Fernsehproduzenten-Ehemann Norman Lear, war sie wild entschlossen, eine Zeitschrift für Frauen über vierzig herauszugeben. Sie hatte sich vorgenommen, 25 der erwarteten 112-Millionen-Dollar-Abfindung in das Projekt zu investieren. Die fünfte Nummer der Zeitschrift *Lear's* fand bereits 350 000 Leserinnen.

Manchmal hat man das Geld schon im Haus. Donald Trump wäre ohne Papas Millionen im Rücken nicht so weit gekommen.

Manchmal kann man eine Idee mit anderen »teilen«, indem man ein Franchise-Paket schnürt. Tom Monaghan war in der Lage, mit Hilfe seines dynamischen Vertriebssystems, in das sein Hauszustellungskonzept eingebunden war, Domino's Pizza in der Branche Geltung zu verschaffen.

Bisher haben wir über kleinere Firmen und ihre Strategien der Mittelbeschaffung gesprochen. Was ist mit den reichen? Wie sollten sie das 22. Gebot im Marketing angehen?

Die Antwort ist einfach: genug ausgeben. In Kriegszeiten haben die Militärs immer die Spendierhosen angehabt. Wissen Sie, wieviele Essensrationen nach der Operation

Wüstensturm übriggeblieben sind? Eine Menge. Genauso ist es im Marketing. Man kann sich den Weg zum Erfolg nicht erknausern.
Die erfolgreicheren Marktteilnehmer fahren gleich zu Beginn eines Projekts ihre schweren finanziellen Geschütze auf. Mit anderen Worten: Sie verzichten zwei oder drei Jahre lang darauf, Gewinne zu machen und stecken während dieser Zeitspanne alle Erlöse ins Marketing.
Geld regiert die Marketingwelt. Wenn Sie heute erfolgreich sein wollen, müssen Sie das nötige Geld auftreiben, um die Marketingräder zum Rotieren zu bringen.

Warnung

Wir würden unsere Pflicht vernachlässigen, wenn wir unsere Leser nicht vor den möglichen Gefahren des Versuchs warnten, die Marketinggebote innerhalb bestehender Unternehmensstrukturen zur Anwendung zu bringen.

Viele dieser Konzepte sind ein Schlag ins Gesicht für das Unternehmensego. Sie widersprechen konventionellen Weisheiten und werden es vermutlich nicht zu Orden und Auszeichnungen vom Wirtschaftsministerium bringen. Das 4. Gebot im Marketing (Nur die Wahrheit des Kunden zählt!) steht in krassem Gegensatz zur Unternehmenskultur der meisten Firmen, wo der Versuch, besser zu sein als die Konkurrenz, tief verwurzelt ist. Sie rennen ständig der Idee hinterher, den Marktführer als Bezugsgröße zu nehmen und dann »seine Leistungen in allen Punkten zu übertreffen«. Genau das ist der Dreh- und Angelpunkt in der Qualitätsbewegung, die derzeit im Gange ist.

Das Gebot, Erster zu sein, ist für viele ein harter Brocken. Die meisten Menschen möchten glauben, daß sie den Weg an die Spitze nur geschafft haben, weil sie besser waren und nicht, weil sie als Erste das Ziel erreicht haben.

Also seien Sie auf der Hut! Die Geschäftsleitung pflegt nicht gerade freundlich auf Vorschläge zu reagieren, mit

der Sie unter Umständen die Luft aus ihrer Produktüberlegenheits-Strategie lassen könnten.
Das Gebot, nicht jedem und allem hinterher zu laufen, könnte Ihnen gleichermaßen Probleme bereiten. Gleich was an gleich wen zu verkaufen ist in den meisten Unternehmen ebenfalls eine tiefverwurzelte Philosophie. Sollten Sie irgendwelche Zweifel haben, dann schlendern Sie doch mal durch die Gänge in irgendeinem Supermarkt. Was Sie dort finden, sind unzählige Variationen in puncto Größe, Geschmacksrichtung und Form. Da kann man nur noch staunen. Warum diese Fülle vorhanden ist, wird uns sogleich schmerzlich bewußt. Niemand hat Lust, sich auf einige wenige Dinge zu konzentrieren.
Die Büros der großen Unternehmen sind angefüllt mit jungen, cleveren Marketingexperten. Erwarten Sie vielleicht, daß diese Profis dort nur rumsitzen und nichts tun? Sie fühlen sich gezwungen, immer wieder etwas Neues auszuprobieren und Verbesserungen zu erzielen. Wie sonst könnten Sie sich schließlich im Unternehmen profilieren?
Also seien Sie auf der Hut! Diese jungen, cleveren Marketingexperten pflegen nicht gerade freundlich auf den Versuch zu reagieren, ihre Experimentierfreudigkeit zu bremsen.
Das 5. Gebot im Marketing besagt, daß es für ein Unternehmen gut ist, ein Schlagwort zu besitzen, das man auf Anhieb mit ihm in Zusammenhang bringt. Welches Wort haben Sie in den Köpfen Ihrer Kunden reserviert? »Weiß ich nicht«, könnte Ihre Antwort lauten. »Wir stellen eine breite Palette von Produkten für viele verschiedene Branchen her.«
Also seien Sie auf der Hut! Sie sehen sich vor die Aufgabe

gestellt, den Wildwuchs zu beschneiden, ein Konzept, das Ihnen die Mächtigen im Unternehmen nicht so leicht abkaufen werden.

Das Gebot, langfristig zu denken, wird jeden frustrieren, der auf schnelle Siege im Marketing aus ist. Die meisten Unternehmen wollen sofort Ergebnisse sehen. Also seien Sie auf der Hut! Die Finanzleute werden Ihnen das Leben kurzfristig zur Hölle machen.

Das Gebot, Ihr Programm schlank zu halten, ist die gefährlichste Herausforderung von allen, mit denen Sie es aufnehmen müssen. In diesem Fall sollten Sie darauf gefaßt sein, das zu zerstören, was das Management für eine Grundwahrheit hält: große, erfolgreiche Marken hätten von Haus aus einen Bonus, der sich ausschöpfen ließe, um verschiedene Produktarten ins Sortiment zu nehmen.

Bei einer Vorstandssitzung kann sich der Vorschlag einer Programmerweiterung immer des Beifalls aller sicher sein. Sie werden unter einem Dutzend Bereichsleitern nicht einen finden, der bereit wäre, der Geschäftsleitung in diesem kritischen Punkt die Stirn zu bieten.

Also seien Sie auf der Hut! Das Topmanagement pflegt nicht gerade freundlich auf Bemühungen zu reagieren, seinem Kurs der Kapitalaufstockung einen Riegel vorzuschieben. Aber lassen Sie den Mut nicht sinken: Unter Umständen zahlt es sich aus, wenn Sie sich in Geduld üben und die Sache abwarten. Geschäftsleitungen können sich ändern oder verändert werden, die Gebote des Marketing dagegen sind unerschütterlich.

Nun sind Sie also gebührend gewarnt. Wenn Sie gegen diese unumstößlichen Gebote verstoßen, laufen Sie Gefahr, mit Ihrem Marketing zu scheitern. Wenn Sie sich an die unumstößlichen Gebote halten, laufen Sie Gefahr,

daß man Sie verunglimpft, mit Verachtung straft oder sogar in die Verbannung schickt.
Haben Sie Geduld. Die unumstößlichen Gebote im Marketing werden Ihnen letztlich zum Erfolg verhelfen. Und Erfolg ist die süßeste Rache von allen.

Register